I0567084

BESTACTIVITYBOOKS.COM

PRIMEIRA EDIÇÃO - 2022

Ilustración gráfica adicional: www.freepik.com
Graças a Alekksall, Starline, Pch.vector, Rawpixel.com, Vectorpocket, Dgim-studio, Upklyak, Macrovector, Stockgiu, Pikisuperstar & Freepik.com Designers

5 DICAS PARA COMEÇAR

1) CÓMO RESOLVER LAS SOPA DE LETRAS

Os puzzles têm um formato clássico:

- As palavras estão escondidas sem espaços ou hífenes,...
- Orientação: As palavras podem ser escritas para a frente, para trás, para cima, para baixo ou na diagonal (podem ser invertidas).
- As palavras podem sobrepor-se ou intersectar-se.

2) APRENDIZAGEM ACTIVA

Ao lado de cada palavra há um espaço para anotar a tradução. Para encorajar a aprendizagem activa, um **DICIONÁRIO** no final desta edição permitir-lhe-á verificar e expandir os seus conhecimentos. Procure e anote as traduções, encontre-as no puzzle e adicione-as ao seu vocabulário!

3) MARCAR AS PALAVRAS

Pode inventar o seu próprio sistema de marcação - talvez já use um? Pode também, por exemplo, marcar palavras difíceis de encontrar com uma cruz, palavras favoritas com uma estrela, palavras novas com um triângulo, palavras raras com um diamante, e assim por diante.

4) ESTRUTURANDO A APRENDIZAGEM

Esta edição oferece um **CADERNO DE NOTAS** prático no final do livro. Nas férias, em viagem ou em casa, pode facilmente organizar os seus novos conhecimentos sem a necessidade de um segundo caderno!

5) JÁ TERMINOU TODAS AS GRELHAS?

Nas últimas páginas deste livro, na secção **DESAFIO FINAL**, encontrará um jogo gratuito!

Rápido e fácil! Consulte a nossa colecção de livros de actividades para o seu próximo momento de diversão e **aprendizagem**, a apenas um clique de distância!

Encontre o seu próximo desafio em:

BestActivityBooks.com/MeuProximoLivro

Aos vossos lugares, preparem-se...Vão!

Sabia que existem cerca de 7.000 línguas diferentes no mundo? As palavras são preciosas.

Adoramos línguas e temos trabalhado arduamente para criar livros da mais alta qualidade para si. Os nossos ingredientes?

Uma selecção de tópicos adequados à aprendizagem, três boas porções de entretenimento, e depois acrescentamos uma colherada de palavras difíceis e uma pitada de palavras raras. Servimo-los com amor e máximo divertimento, para que possa resolver os melhores jogos de palavras e se divirta a aprender!

A sua opinião é essencial. Pode participar activamente no sucesso deste livro, deixando-nos um comentário. Gostaríamos de saber o que mais lhe agradou nesta edição.

Aqui está um link rápido para a sua página de encomendas:

BestBooksActivity.com/Avaliacoes50

Obrigado pela vossa ajuda e divirtam-se!

A Equipa Inteira

1 - Dirigindo

K	A	A	R	T	B	V	O	E	T	G	A	N	G	E	R
M	E	U	L	S	U	R	E	O	V	R	E	V	Q	I	K
L	O	S	K	R	O	Q	A	R	N	C	A	A	L	T	G
R	T	T	U	X	X	Q	N	N	V	N	H	D	M	I	B
R	U	E	O	L	R	N	P	D	D	E	Y	Z	I	L	Q
D	A	I	D	R	D	V	L	Y	F	S	W	E	G	O	X
J	T	F	I	K	K	B	B	M	M	M	T	J	L	P	I
D	H	R	E	U	L	E	N	N	U	T	S	O	T	U	A
W	C	O	H	L	T	G	X	Y	P	R	Q	A	F	U	D
F	A	T	G	E	V	A	A	R	U	U	E	W	N	B	F
J	R	O	I	G	M	R	G	L	I	C	E	N	T	I	E
S	V	M	L	N	W	A	E	C	A	Y	R	T	A	I	D
G	Z	C	I	O	R	G	M	M	N	Z	G	L	A	F	K
A	Y	F	E	E	M	N	W	W	M	C	D	Z	R	R	F
S	R	K	V	Q	E	R	Y	Y	N	E	A	Z	T	Z	E
L	J	V	E	R	K	E	E	R	P	N	N	F	S	Y	F

ONGELUK
VRACHTAUTO
AUTO
BRANDSTOF
WEG
REMMEN
GARAGE
GAS
LICENTIE
KAART
MOTORFIETS
MOTOR
VOETGANGER
GEVAAR
POLITIE
STRAAT
VEILIGHEID
VERVOER
VERKEER
TUNNEL

2 - Antiguidades

K	G	P	T	I	S	H	K	E	T	Q	L	J	I	T	S
V	A	V	M	M	D	Z	U	L	L	N	I	O	O	R	I
U	E	D	R	A	A	W	N	E	W	I	E	L	A	E	N
P	W	I	Z	M	S	H	S	G	J	F	F	W	K	S	V
R	I	X	L	J	E	N	T	A	U	W	H	Z	A	T	E
H	Z	T	I	I	A	U	U	N	P	O	E	G	U	A	S
I	M	M	O	R	N	T	B	T	H	T	B	Q	T	U	T
P	P	W	R	E	O	G	X	I	G	E	B	E	H	R	E
B	R	C	Y	L	N	X	K	U	L	X	E	J	E	A	R
F	E	I	T	A	R	O	C	E	D	A	R	K	N	T	I
Y	A	H	J	G	A	G	B	E	Q	P	I	H	T	I	N
S	T	V	Y	S	A	X	T	X	R	V	S	R	I	E	G
O	K	Y	K	R	E	W	W	U	O	H	D	L	E	E	B
U	X	E	E	U	W	M	U	N	T	E	N	S	K	O	B
D	K	O	K	W	A	L	I	T	E	I	T	Y	S	P	Z
I	T	E	M	O	N	G	E	W	O	O	N	F	G	T	H

KUNST
AUTHENTIEK
DECORATIEF
ELEGANT
LIEFHEBBER
BEELDHOUWWERK
STIJL
GALERIJ
ONGEWOON
INVESTERING
ITEM
VEILING
MEUBILAIR
MUNTEN
PRIJS
KWALITEIT
RESTAURATIE
EEUW
WAARDE
OUD

3 - Churrascos

R	G	M	B	S	T	F	O	S	L	N	V	S	F	J	E
Q	D	H	U	N	A	Z	P	V	Y	L	M	K	Z	C	S
Z	J	V	O	Z	P	L	S	M	W	H	E	C	S	T	I
H	K	I	G	R	I	R	A	L	U	N	C	H	U	J	I
M	M	Y	Y	H	K	E	M	D	B	Q	I	Z	X	L	A
J	L	A	Z	M	D	P	K	R	E	N	I	D	B	H	P
B	Z	J	G	R	O	E	N	T	E	S	E	O	L	H	O
Z	I	K	N	E	Z	P	G	E	G	A	M	E	S	D	K
J	C	A	M	G	O	D	C	F	T	I	U	R	F	E	G
B	I	U	L	N	U	I	W	A	T	A	E	P	L	X	F
C	I	M	G	O	T	S	J	M	H	H	M	Q	F	N	G
V	I	W	T	H	E	A	H	I	I	X	M	O	K	K	P
M	E	S	S	E	N	U	C	L	L	I	R	G	T	Q	A
Z	O	M	E	R	P	S	X	I	J	X	Y	J	L	O	V
K	I	N	D	E	R	E	N	E	L	W	B	H	C	G	E
U	I	T	N	O	D	I	G	I	N	G	H	E	E	T	J

LUNCH
UITNODIGING
KINDEREN
MESSEN
FAMILIE
HONGER
KIP
FRUIT
GRILL
DINER

GAMES
GROENTE
SAUS
MUZIEK
PEPER
HEET
ZOUT
SALADES
TOMATEN
ZOMER

4 - Pesca

G	S	C	R	X	T	O	O	B	O	C	F	C	D	W	B
O	E	M	C	B	E	V	R	V	I	O	O	L	O	Q	Y
V	N	D	C	B	S	E	U	H	G	H	F	T	C	C	N
P	X	A	U	W	C	R	A	A	S	L	L	H	E	J	H
G	P	A	V	L	U	D	M	E	E	R	W	J	A	U	L
W	Y	R	T	W	D	R	H	J	K	A	R	D	A	J	K
F	V	D	H	A	Q	I	N	F	K	A	E	N	N	G	C
S	A	N	D	T	T	J	O	F	A	I	W	M	F	X	U
T	K	E	Y	E	F	V	C	V	A	Q	E	X	D	U	W
R	U	O	I	R	F	I	K	R	K	Q	P	U	I	P	J
A	Y	Z	K	N	E	N	N	I	V	U	S	P	W	C	U
N	Z	I	G	N	I	G	B	V	M	T	O	F	D	E	D
D	G	E	W	I	C	H	T	I	X	R	N	J	N	Z	N
D	D	S	O	Y	X	E	K	E	T	R	U	N	H	X	A
K	V	G	J	P	P	R	S	R	R	K	B	G	B	Q	M
A	P	P	A	R	A	T	U	U	R	H	A	A	K	U	C

WATER
VINNEN
BOOT
KIEUWEN
MAND
KOK
APPARATUUR
OVERDRIJVING
DRAAD
HAAK

AAS
MEER
KAAK
OCEAAN
GEDULD
GEWICHT
STRAND
RIVIER
SEIZOEN

5 - Geologia

E	T	A	G	E	V	S	V	P	I	H	S	K	Z	E	X
R	Q	A	K	R	J	R	T	L	Z	Q	T	O	U	A	Z
O	M	R	Z	Q	O	K	J	A	S	X	E	R	U	K	O
S	I	D	M	M	Y	T	D	V	L	C	E	A	R	W	U
I	N	B	V	U	L	K	A	A	N	A	N	A	O	A	T
E	E	E	Z	I	K	L	U	L	P	F	C	L	I	R	R
O	R	V	O	C	D	G	P	S	U	L	Z	T	W	T	T
C	A	I	N	L	U	F	P	U	F	B	A	U	I	S	X
O	L	N	E	A	F	O	S	S	I	E	L	T	Y	E	C
N	E	G	A	C	N	S	K	Y	K	F	C	F	E	Q	T
T	N	S	T	A	L	A	G	M	I	E	T	E	N	A	M
I	M	N	L	A	Q	R	A	R	O	P	K	R	A	H	U
N	K	H	S	F	K	E	A	D	O	J	J	T	X	T	K
E	U	T	U	O	C	W	L	J	N	N	O	O	Z	T	P
N	K	R	I	S	T	A	L	L	E	N	M	G	J	O	R
T	C	Q	N	O	Q	F	G	B	L	H	G	S	T	Z	T

ZUUR
LAAG
GROT
CALCIUM
CONTINENT
KORAAL
KRISTALLEN
EROSIE
STALACTIET
STALAGMIETEN
FOSSIEL
LAVA
MINERALEN
STEEN
PLATEAU
KWARTS
ZOUT
AARDBEVING
VULKAAN
ZONE

6 - Tempo

X	R	G	Q	N	D	A	G	A	D	D	I	M	S	W	O
T	H	I	U	D	N	Q	H	L	Z	M	I	N	U	U	T
K	G	H	K	M	A	T	O	E	K	O	M	S	T	E	Y
H	G	V	O	U	A	V	T	G	G	I	P	R	K	E	V
O	P	O	B	I	M	N	A	Q	V	G	Z	H	T	G	R
U	B	O	L	N	O	F	U	P	S	A	T	C	I	B	J
Y	S	R	R	N	J	U	M	X	T	U	N	X	V	W	H
R	K	P	V	E	E	U	H	E	G	Z	E	D	R	B	N
G	J	A	M	C	D	R	B	L	X	Y	M	N	A	P	L
C	I	W	E	E	K	N	O	I	D	Z	O	A	L	A	H
K	L	S	U	D	O	L	E	J	D	X	M	C	F	Z	G
R	R	I	T	H	L	H	R	L	J	H	U	H	O	O	O
C	A	W	L	E	K	P	O	A	A	V	L	T	D	U	F
E	A	J	M	S	R	Q	X	Y	A	K	K	S	Y	B	E
N	J	T	D	H	N	E	Q	I	R	R	Q	B	Z	F	Y
Z	X	C	L	G	Y	N	N	O	C	H	T	E	N	D	T

NU
JAAR
VOOR
JAARLIJKS
KALENDER
DECENNIUM
DAG
TOEKOMST
VANDAAG
UUR

OCHTEND
MIDDAG
MAAND
MINUUT
MOMENT
NACHT
GISTEREN
KLOK
WEEK
EEUW

7 - Astronomia

Y	Z	T	B	L	Z	C	J	K	B	D	C	I	Q	H	D
G	Z	A	A	N	E	B	H	U	M	L	V	J	R	M	G
Q	H	A	K	O	S	M	O	S	U	E	C	Q	S	O	A
C	C	R	O	O	E	T	E	M	I	E	A	D	G	O	C
Z	J	D	G	R	M	R	A	H	R	B	Z	O	N	N	E
U	O	E	M	P	M	S	S	S	O	N	T	G	I	O	O
E	Q	U	I	N	O	X	T	D	T	E	K	A	R	R	X
N	E	V	E	L	A	L	R	D	A	R	U	T	E	T	W
Z	Z	D	G	W	V	M	O	M	V	R	A	Z	T	S	C
C	X	H	Ï	Q	O	A	N	D	R	E	P	L	S	A	A
K	J	C	V	O	N	A	A	P	E	T	L	H	I	I	C
K	O	Y	X	R	R	N	U	Y	S	S	A	D	U	N	I
B	D	J	Q	I	E	E	T	Y	B	U	N	J	D	S	G
T	Z	G	E	N	P	F	T	G	O	G	E	G	R	N	U
Z	B	V	K	Q	U	O	G	S	E	O	E	J	E	Y	X
S	X	D	Q	E	S	S	Y	P	A	T	T	K	V	L	K

ASTEROÏDE
ASTRONAUT
ASTRONOOM
HEMEL
STERRENBEELD
KOSMOS
VERDUISTERING
EQUINOX
RAKET
MAAN
METEOOR
NEVEL
OBSERVATORIUM
PLANEET
STRALING
ZONNE
SUPERNOVA
AARDE

8 - Acampamento

Z	A	E	Z	R	J	P	A	A	E	U	D	Z	N	A	Z
W	Y	M	Z	Q	E	B	G	K	D	Y	D	N	O	P	J
L	C	J	B	Q	A	R	W	D	O	X	E	D	D	P	Z
Z	A	H	S	A	P	M	O	K	B	M	J	Q	G	A	K
G	X	N	O	N	A	K	B	Q	P	H	K	Y	R	R	K
S	L	R	B	E	A	V	O	N	T	U	U	R	W	A	N
N	F	U	N	I	D	N	A	R	B	K	W	E	C	T	A
Y	T	U	R	L	Z	T	I	Y	J	A	A	F	V	U	D
G	G	T	A	M	G	N	A	H	N	N	C	A	N	U	A
Z	N	A	A	M	K	X	E	I	L	M	A	H	R	R	R
F	E	N	I	B	A	C	Z	C	S	E	X	H	P	T	G
O	M	G	E	I	J	B	H	S	F	E	S	Y	F	H	E
T	O	U	W	R	A	U	U	J	A	R	V	L	V	C	I
N	B	D	K	T	E	B	E	R	G	L	S	X	I	A	W
E	L	S	T	K	J	I	I	N	S	E	C	T	W	J	B
T	M	K	N	J	R	N	D	S	U	E	K	P	I	I	K

DIEREN
AVONTUUR
BOMEN
KOMPAS
CABINE
JACHT
KANO
HOED
TOUW
APPARATUUR
BOS
BRAND
INSECT
MEER
MAAN
HANGMAT
KAART
BERG
NATUUR
TENT

9 - Ficção Científica

P	C	Y	J	N	Z	Y	D	W	C	R	M	C	S	Z	G
Y	E	D	E	S	P	H	E	T	X	B	O	Y	I	Z	W
I	Y	A	J	W	Y	C	N	Y	A	Z	O	B	Y	B	T
B	H	T	S	C	O	S	K	V	H	E	T	F	O	L	H
P	O	O	C	S	O	I	B	Z	G	K	A	Z	E	T	C
T	R	E	L	D	Y	T	E	I	S	O	L	P	X	E	S
E	E	I	K	M	V	S	E	W	L	Y	O	U	A	U	I
C	A	P	O	E	D	A	L	K	M	L	L	Q	G	C	T
H	L	O	R	E	N	T	D	M	T	T	U	C	K	D	S
N	I	T	A	R	A	N	I	Y	W	W	O	S	O	Y	I
O	S	S	K	T	R	A	G	D	A	B	S	Y	I	U	R
L	T	Y	E	X	B	F	W	E	R	E	L	D	M	E	U
O	I	D	L	E	M	Y	S	T	E	R	I	E	U	S	T
G	S	P	L	A	N	E	E	T	U	T	O	P	I	E	U
I	C	D	X	W	O	E	F	N	S	P	V	E	R	B	F
E	H	Z	F	K	E	S	G	D	I	J	Q	T	L	I	N

ATOOM
BIOSCOOP
VER
DYSTOPIE
EXPLOSIE
EXTREEM
FANTASTISCH
BRAND
FUTURISTISCH
ILLUSIE
DENKBEELDIG
BOEKEN
MYSTERIEUS
WERELD
ORAKEL
PLANEET
REALISTISCH
ROBOTS
TECHNOLOGIE
UTOPIE

10 - Mitologia

O	C	Z	Y	U	K	Q	K	B	S	R	T	O	M	D	R
V	A	R	J	Y	N	X	R	E	G	J	I	R	K	O	A
E	D	N	E	G	E	L	A	K	Y	N	S	G	J	N	M
R	E	T	S	N	O	M	C	N	J	A	Q	W	A	D	P
T	T	T	G	C	E	G	H	Y	B	P	M	D	L	E	H
U	P	N	K	E	P	Y	T	E	H	C	R	A	O	R	X
I	C	U	L	T	U	U	R	W	D	W	Z	K	E	W	U
G	B	L	I	K	S	E	M	M	U	O	J	J	Z	R	J
I	R	A	S	D	W	D	C	K	H	X	O	I	I	A	K
N	E	Z	E	W	A	G	R	U	H	M	H	L	E	A	G
G	I	T	B	B	P	E	E	G	I	L	Z	E	H	K	L
E	H	D	J	Z	S	D	A	C	U	K	X	F	M	O	U
N	S	D	L	U	F	R	T	N	E	Z	R	R	C	N	F
D	H	H	M	E	M	A	I	L	Z	K	H	E	E	K	N
U	Z	K	W	N	H	G	E	Y	Z	S	W	T	J	V	S
Y	C	N	G	A	M	A	G	I	S	C	H	S	T	W	J

ARCHETYPE
JALOEZIE
GEDRAG
OVERTUIGINGEN
CREATIE
WEZEN
CULTUUR
RAMP
KRACHT
KRIJGER
HELDIN
HELD
DOOLHOF
LEGENDE
MAGISCH
MONSTER
STERFELIJK
BLIKSEM
DONDER
WRAAK

11 - Medições

B	L	Z	L	Q	U	K	H	A	P	V	Y	J	B	S	K
Y	W	X	S	B	U	F	D	S	G	D	H	M	R	S	I
T	N	O	Q	G	Z	T	G	L	G	O	W	E	E	W	L
E	W	W	N	D	O	W	A	V	P	U	F	L	E	C	O
M	P	W	G	Y	I	T	Y	Z	C	P	I	A	D	E	G
U	O	I	Z	R	J	E	T	G	O	O	H	A	T	N	R
L	A	U	P	F	A	E	P	X	I	K	J	M	E	T	A
O	G	R	A	A	D	M	L	T	U	U	N	I	M	I	M
V	L	E	N	G	T	E	I	K	E	Q	C	C	W	M	I
V	X	J	B	I	A	K	T	H	C	I	W	E	G	E	N
O	Z	O	F	X	S	Q	E	O	J	S	P	D	G	T	C
S	G	Y	O	N	S	X	R	R	X	B	V	X	R	E	H
S	S	D	D	O	A	X	C	E	I	U	I	S	U	R	D
Y	V	Y	P	T	M	Y	R	Z	T	D	I	G	Y	E	O
R	I	F	K	I	L	O	M	E	T	E	R	J	Q	P	K
E	Z	T	P	V	M	Q	Y	S	T	B	M	J	Y	A	O

HOOGTE
BYTE
CENTIMETER
LENGTE
DECIMAAL
GRAM
GRAAD
BREEDTE
LITER
MASSA
METER
MINUUT
ONS
GEWICHT
INCH
DIEPTE
KILOGRAM
KILOMETER
TON
VOLUME

12 - Álgebra

D	P	K	S	V	H	S	Y	M	N	F	H	V	L	L	X
I	D	O	E	A	R	Q	T	O	A	L	A	W	N	X	F
A	E	H	Y	R	P	H	F	W	N	T	L	C	K	O	H
G	V	U	A	I	Q	J	V	Z	J	E	R	C	T	O	R
R	B	B	G	A	H	A	A	K	J	E	I	I	S	O	N
A	C	Q	N	B	I	R	Q	W	N	B	P	N	X	Q	R
M	S	D	I	E	H	L	E	E	V	E	O	H	D	O	S
N	O	X	S	L	P	L	I	B	Q	N	K	A	E	I	H
U	M	D	S	E	R	P	S	L	A	V	A	M	X	H	G
M	Y	G	O	I	O	L	I	N	E	A	I	R	P	Z	I
M	Z	C	L	T	B	H	V	J	T	J	J	H	O	Z	O
E	U	J	P	C	L	M	I	O	A	I	G	X	N	V	G
R	N	O	O	A	E	Q	D	V	N	C	Z	U	E	Q	Z
Y	U	T	V	R	E	F	O	R	M	U	L	E	N	D	M
H	L	Y	V	F	M	J	N	E	K	K	E	R	T	F	A
V	E	R	G	E	L	I	J	K	I	N	G	Z	Z	O	D

DIAGRAM
DIVISIE
VERGELIJKING
EXPONENT
VALS
FACTOR
FORMULE
FRACTIE
ONEINDIG
LINEAIR
MATRIX
NUMMER
HAAKJE
PROBLEEM
HOEVEELHEID
OPLOSSING
SOM
AFTREKKEN
VARIABELE
NUL

13 - Plantas

V	E	G	E	T	A	T	I	E	G	L	F	T	S	K	B
Y	S	U	X	K	G	S	O	V	Q	E	C	T	T	R	O
J	K	A	S	B	J	E	C	A	C	T	U	S	R	U	S
Y	F	P	L	S	P	U	T	S	R	R	F	E	U	I	F
W	F	H	V	V	K	T	A	P	A	O	M	M	I	D	D
O	X	C	V	Q	W	T	B	D	H	W	L	A	K	M	E
U	E	D	N	U	K	T	N	A	L	P	A	F	J	M	Q
N	E	I	C	W	Z	N	V	L	M	G	N	G	T	J	B
N	B	V	L	M	L	O	D	B	I	B	O	U	R	H	P
F	H	L	W	V	R	X	I	M	G	T	O	Y	K	J	F
D	Y	G	R	L	P	M	M	E	O	L	B	E	A	G	F
A	C	U	B	O	O	M	V	O	G	H	K	E	H	W	S
G	R	A	S	O	M	N	C	L	X	D	F	B	S	U	F
P	F	P	M	R	I	H	F	B	I	G	S	R	W	V	M
K	L	G	E	B	L	A	D	E	R	T	E	G	O	B	E
R	T	U	I	N	K	L	P	G	I	O	N	W	G	R	J

STRUIK
BOOM
BES
BAMBOE
PLANTKUNDE
CACTUS
KRUID
BOON
MEST
BLOEM
FLORA
BOS
GEBLADERTE
GRAS
KLIMOP
TUIN
MOS
BLOEMBLAD
WORTEL
VEGETATIE

14 - Veículos

H	D	T	T	F	E	T	F	M	F	M	F	Z	K	V	S
M	E	S	S	G	D	P	N	A	V	A	R	A	C	R	H
O	G	L	M	H	D	E	C	N	A	L	U	B	M	A	U
T	I	O	I	F	I	E	T	S	A	V	O	J	U	C	T
O	N	O	Z	K	S	C	O	O	T	E	R	T	U	H	T
R	G	O	T	T	O	D	E	I	C	T	T	V	T	T	L
Q	R	Y	W	T	I	P	D	U	U	A	E	L	A	A	E
C	Ë	M	K	G	J	A	T	Q	B	F	M	I	X	U	C
V	E	E	R	B	O	O	T	E	K	A	R	E	I	T	P
T	E	Z	V	N	I	K	S	H	R	B	O	G	B	O	C
P	Z	E	S	E	H	A	G	R	G	O	T	T	Z	O	C
Q	R	R	L	G	H	S	U	B	A	O	C	U	Y	C	I
C	E	N	T	U	Q	T	W	T	R	T	A	I	X	Y	X
K	D	K	X	U	T	O	N	M	O	N	R	G	G	Z	X
N	N	E	D	N	A	B	M	T	H	D	T	F	L	K	L
N	O	P	A	X	T	F	E	R	Z	A	L	Q	U	F	W

AMBULANCE
VLIEGTUIG
VEERBOOT
BOOT
FIETS
VRACHTAUTO
CARAVAN
AUTO
RAKET
HELIKOPTER
VLOT
SCOOTER
METRO
MOTOR
BUS
BANDEN
ONDERZEEËR
TAXI
SHUTTLE
TRACTOR

15 - Engenharia

M	N	Q	T	V	L	O	E	I	S	T	O	F	D	Z	E
V	U	K	O	K	X	S	E	I	S	N	E	M	I	D	N
Z	R	O	T	O	M	Q	Z	J	D	M	N	E	A	D	E
B	E	R	E	K	E	N	I	N	G	E	M	L	G	I	R
S	T	S	D	Y	C	M	Z	Q	Z	T	U	Q	R	E	G
T	E	U	T	I	Y	Q	M	R	O	I	C	T	A	P	I
R	M	U	C	A	S	S	G	W	F	N	J	P	M	T	E
U	A	K	R	B	B	T	H	B	R	G	L	W	G	E	M
C	I	T	M	O	Q	I	R	S	K	I	I	I	I	A	B
T	D	W	D	U	J	M	L	I	O	D	J	P	J	U	F
U	R	O	O	W	F	T	U	I	B	C	H	V	D	N	T
U	E	I	K	L	Z	A	A	R	T	U	T	F	I	Q	G
R	D	I	E	S	E	L	S	X	D	E	T	V	C	N	K
S	Q	U	O	Q	K	R	A	C	H	T	I	I	I	F	G
E	N	I	H	C	A	M	C	J	Y	B	G	T	E	V	H
V	O	O	R	T	S	T	U	W	I	N	G	D	T	L	G

WRIJVING
HOEK
BEREKENING
BOUW
DIAGRAM
DIAMETER
DIESEL
DIMENSIES
DISTRIBUTIE
AS

ENERGIE
STABILITEIT
STRUCTUUR
KRACHT
VLOEISTOF
MACHINE
METING
MOTOR
DIEPTE
VOORTSTUWING

16 - Restaurante # 2

I	A	X	D	H	C	N	U	L	Y	J	S	H	D	V	N
U	T	R	L	B	A	X	O	J	H	I	O	X	L	O	O
E	O	W	T	F	K	R	O	V	D	I	E	Q	Z	O	E
R	Z	G	O	L	E	P	E	L	L	I	P	Y	A	R	D
I	V	R	U	J	E	W	T	Q	Z	R	N	L	X	G	E
S	G	O	A	W	V	O	V	N	T	D	P	E	M	E	L
A	Q	E	H	M	Z	U	T	W	F	R	G	V	R	R	S
L	Z	N	B	U	U	B	U	S	J	A	D	T	E	E	O
A	N	T	Z	O	R	M	O	I	I	N	E	T	T	C	E
D	U	E	V	B	S	M	Z	L	C	K	O	Y	A	H	Z
E	T	A	M	R	O	D	V	E	S	Z	G	X	W	T	O
T	U	U	H	G	G	V	I	K	J	I	L	R	E	E	H
U	H	L	G	Y	Q	F	R	U	I	T	O	B	E	R	B
S	P	E	C	E	R	I	J	E	N	Z	B	T	V	N	I
G	K	G	R	S	M	U	J	X	Y	R	D	K	C	I	T
U	Z	F	A	B	H	W	I	L	R	U	H	O	C	P	S

LUNCH
VOORGERECHT
WATER
DRANK
CAKE
STOEL
LEPEL
HEERLIJK
SPECERIJEN
FRUIT
OBER
VORK
IJS
DINER
GROENTE
NOEDELS
VIS
ZOUT
SALADE
SOEP

17 - Países #2

R	D	N	A	L	S	U	R	Y	F	M	T	A	F	V	L
F	E	Y	L	K	E	V	N	D	F	J	E	U	W	B	V
X	N	X	J	J	S	Y	R	I	Ë	A	Q	X	V	I	W
A	E	M	Ë	I	L	A	M	O	S	M	U	M	I	Z	L
L	M	N	E	R	C	B	N	M	L	A	F	W	T	C	U
B	A	R	N	K	E	L	G	I	Z	I	Q	F	Ï	H	O
A	R	U	L	N	E	P	R	I	B	C	I	Z	A	Y	Y
N	K	T	Z	A	Y	Ë	I	D	C	A	N	Q	H	F	X
I	E	O	P	R	O	I	E	T	B	B	I	E	G	B	E
N	N	E	G	F	R	S	K	J	A	P	A	N	P	J	S
I	O	G	A	Z	P	E	E	Z	F	I	B	C	T	A	L
G	N	A	M	D	R	N	N	I	E	R	L	A	N	D	L
E	A	N	W	W	Z	O	L	P	A	K	I	S	T	A	N
R	B	D	J	F	R	D	A	O	E	K	R	A	Ï	N	E
I	I	A	E	F	V	N	N	D	Z	N	C	S	G	Y	Y
A	L	F	W	T	R	I	D	Z	E	D	C	U	Y	D	W

ALBANI
DENEMARKEN
FRANKRIJK
GRIEKENLAND
HAÏTI
INDONESIË
IERLAND
JAMAICA
JAPAN
LAOS
LIBANON
MEXICO
NEPAL
NIGERIA
PAKISTAN
RUSLAND
SYRIË
SOMALIË
OEKRAÏNE
OEGANDA

18 - Cozinha

K	E	L	M	V	A	J	Q	E	P	J	L	O	Z	P	Q
E	E	L	T	G	B	D	Y	Z	O	G	Z	C	V	O	F
T	T	E	S	J	D	X	W	I	L	L	I	R	G	E	V
E	S	P	A	P	Z	H	M	R	L	A	Z	J	Z	G	N
L	T	E	K	D	E	J	T	H	E	V	U	F	D	Z	E
I	O	L	L	L	H	C	E	X	P	W	V	I	T	F	K
H	K	S	E	L	T	P	E	C	E	R	N	C	A	F	R
C	J	X	O	V	S	Q	Q	R	L	U	E	O	O	M	O
R	E	F	K	I	U	R	K	J	I	G	S	H	T	Q	V
A	S	S	E	R	V	E	T	T	L	J	S	P	O	N	S
H	U	L	D	S	V	Y	E	J	Q	R	E	X	U	B	W
S	C	H	O	R	T	K	T	N	K	S	M	N	K	C	D
Z	N	Q	J	Y	G	Y	E	N	D	G	O	U	D	L	X
N	R	P	M	L	A	J	N	T	X	O	K	P	R	X	C
V	R	I	E	Z	E	R	D	V	P	O	T	K	D	U	H
K	K	H	Y	W	X	L	J	R	V	K	Z	M	H	R	Y

SCHORT
KETEL
LEPELS
ETEN
POLLEPEL
CUP
SPECERIJEN
SPONS
MESSEN
OVEN
VRIEZER
VORKEN
KOELKAST
GRILL
SERVET
POT
KRUIK
EETSTOKJES
RECEPT
KOM

19 - Material de Arte

H	I	D	E	H	P	P	S	L	L	L	J	F	A	F	V
Q	I	V	R	E	K	O	W	L	I	J	M	P	P	V	S
K	W	F	O	Z	V	T	R	X	P	I	S	F	O	E	D
I	U	H	M	F	N	L	O	L	G	A	E	Z	E	L	B
A	Y	R	U	W	K	O	W	O	E	J	P	V	C	X	T
P	A	S	T	E	L	D	F	O	G	O	M	I	J	Q	I
K	L	E	I	J	G	E	B	K	C	O	T	O	E	L	N
I	H	Q	N	Z	C	N	D	S	K	A	D	S	L	R	K
W	T	I	E	T	I	V	I	T	A	E	R	C	Y	I	T
L	M	J	R	J	D	H	L	U	W	A	T	E	R	U	E
N	W	O	U	L	K	N	P	O	T	A	F	E	L	Y	D
C	A	M	E	R	A	D	E	H	A	C	R	Y	L	Q	G
X	F	S	L	E	T	S	R	O	B	Y	B	R	Z	O	U
H	J	O	K	M	C	H	D	A	E	M	I	F	R	M	Y
B	F	W	B	W	L	W	H	M	J	M	U	H	Y	P	I
A	Q	U	A	R	E	L	L	E	N	V	E	R	F	G	X

ACRYL
GOM
AQUARELLEN
KLEI
WATER
STOEL
HOUTSKOOL
EZEL
CAMERA
LIJM
KLEUREN
CREATIVITEIT
BORSTELS
POTLODEN
TAFEL
OLIE
PAPIER
PASTEL
INKT
VERF

20 - Números

X	P	I	N	Z	S	U	C	L	U	N	Q	D	N	U	T
V	J	Z	B	L	A	A	M	I	C	E	D	D	X	Z	W
A	I	E	E	N	E	G	E	N	E	I	T	S	E	Z	I
Q	H	J	Z	E	M	D	A	J	W	T	W	Y	M	X	N
W	P	K	F	I	A	R	C	J	X	N	A	T	C	R	T
T	W	E	E	T	P	I	W	V	P	E	A	P	Z	G	I
H	G	L	C	T	I	E	J	M	I	V	L	K	E	P	G
C	A	P	G	H	X	E	C	A	I	E	F	L	V	I	O
A	N	T	E	C	E	I	N	U	W	Z	R	T	E	D	B
Y	D	U	E	A	V	S	E	E	V	I	J	F	N	U	B
I	O	T	Q	U	B	P	I	X	I	N	T	U	X	X	N
Z	E	L	P	K	I	R	T	B	X	T	P	U	J	J	B
E	H	L	R	J	H	P	R	V	E	E	R	T	I	E	N
S	U	H	H	S	B	R	E	J	Y	E	M	L	R	G	H
H	M	C	Y	Y	B	P	D	Q	V	P	N	E	Y	Q	F
M	A	M	E	G	K	X	W	T	Y	Z	R	H	E	L	U

VIJF
DECIMAAL
TIEN
ZESTIEN
ZEVENTIEN
ACHTTIEN
TWEE
TWAALF
NEGEN
ACHT

VEERTIEN
VIER
VIJFTIEN
ZES
ZEVEN
DERTIEN
DRIE
EEN
TWINTIG
NUL

21 - Física

R	Z	W	A	A	R	T	E	K	R	A	C	H	T	Z	V
O	E	E	S	X	T	G	A	B	Q	S	F	C	I	P	E
T	L	L	O	R	R	Z	B	M	T	S	R	N	V	C	R
O	J	X	A	G	Q	F	W	X	A	A	O	K	N	U	S
M	R	S	H	T	A	C	Z	K	H	M	H	Y	U	X	N
B	C	T	C	J	I	S	H	M	C	Q	H	V	C	A	E
O	U	D	U	I	I	V	N	O	R	T	K	E	L	E	L
I	G	V	O	C	F	R	I	O	Y	H	G	I	E	F	L
M	O	L	E	C	U	U	L	T	M	C	J	T	A	O	I
M	E	C	H	A	N	I	C	A	E	S	P	N	I	R	N
M	A	G	N	E	T	I	S	M	E	I	Q	E	R	M	G
D	I	C	H	T	H	E	I	D	V	M	T	U	F	U	G
U	N	I	V	E	R	S	E	E	L	E	H	Q	B	L	U
S	N	E	L	H	E	I	D	A	O	H	V	E	H	E	W
D	E	E	L	T	J	E	J	B	F	C	L	R	G	A	Z
Z	Y	U	I	Z	M	E	Y	L	O	E	E	F	E	M	O

VERSNELLING
ATOOM
CHAOS
DICHTHEID
ELEKTRON
FORMULE
FREQUENTIE
GAS
ZWAARTEKRACHT
MAGNETISME
MASSA
MECHANICA
MOLECUUL
MOTOR
NUCLEAIR
DEELTJE
CHEMISCH
RELATIVITEIT
UNIVERSEEL
SNELHEID

22 - Especiarias

V	K	K	T	I	P	K	K	Z	W	W	V	K	T	Y	K
P	E	P	E	R	V	O	A	E	U	P	D	E	Q	G	W
Y	N	L	N	N	K	R	R	T	X	U	D	R	N	C	C
U	F	Z	S	A	S	I	D	D	Y	Y	R	R	D	V	S
G	E	M	B	E	R	A	E	U	Q	S	J	I	N	A	X
V	O	S	J	C	P	N	M	K	L	R	S	E	F	O	J
F	Q	Q	V	E	P	D	O	I	R	E	T	T	I	B	U
Z	V	A	V	N	P	E	M	L	P	X	E	C	U	K	I
O	A	U	Z	Y	B	R	K	O	M	I	J	N	H	T	N
E	N	S	M	A	A	K	O	R	W	R	U	F	A	R	M
T	I	A	Y	E	U	X	O	Y	P	X	K	G	X	K	W
U	L	W	R	Y	H	T	L	S	A	F	F	R	A	A	N
O	L	K	S	T	F	Q	F	W	P	R	Y	G	J	H	X
Z	E	N	E	J	I	M	O	V	E	N	K	E	L	W	T
E	I	J	X	W	L	P	N	D	U	R	C	H	M	M	B
M	M	H	C	T	A	A	K	S	U	M	T	O	O	N	I

SAFFRAAN
DROP
KNOFLOOK
BITTER
ANIJS
ZUUR
VANILLE
KANEEL
KARDEMOM
KERRIE
UI
KORIANDER
KOMIJN
ZOET
VENKEL
GEMBER
NOOTMUSKAAT
PEPER
SMAAK
ZOUT

23 - Países #1

E	G	Y	P	T	E	I	E	A	N	N	C	H	Z	E	H
O	I	Z	Q	F	E	W	N	E	L	O	P	E	C	C	L
B	R	A	Z	I	L	I	Ë	D	K	N	W	X	L	U	A
F	M	A	L	I	F	N	Z	W	I	Q	R	G	X	A	G
D	U	I	T	S	L	A	N	D	J	A	J	S	F	D	E
I	S	P	A	N	J	E	N	E	G	E	W	R	O	O	N
S	R	A	T	K	G	Z	K	A	J	X	J	N	L	R	E
S	J	A	P	B	C	R	F	O	G	E	G	Q	V	W	S
Z	I	C	K	A	V	T	V	K	I	F	R	E	I	V	Q
A	F	Y	U	G	N	C	Y	L	T	I	H	T	S	N	G
V	Z	N	X	Y	K	A	A	D	A	N	A	C	R	P	B
M	A	R	O	K	K	O	M	T	L	L	C	Z	A	Q	T
Q	G	Z	G	I	K	R	G	A	I	A	B	C	Ë	S	Y
N	I	C	A	R	A	G	U	A	Ë	N	X	Q	L	V	U
R	U	L	H	S	Y	M	U	A	J	D	O	B	M	A	C
V	E	N	E	Z	U	E	L	A	K	R	I	Z	U	Y	X

DUITSLAND
BRAZILIË
CAMBODJA
CANADA
EGYPTE
ECUADOR
SPANJE
FINLAND
IRAK
ISRAËL
ITALIË
INDIA
MALI
MAROKKO
NICARAGUA
NOORWEGEN
PANAMA
POLEN
SENEGAL
VENEZUELA

24 - A Mídia

O	C	P	H	D	S	I	W	W	Y	O	P	M	O	Q	K
N	O	U	O	F	O	T	O	S	K	G	N	I	N	E	M
D	M	B	U	I	E	W	H	Z	J	Y	N	L	J	W	N
E	M	L	D	N	O	V	C	J	Y	J	X	A	I	B	M
R	E	I	I	T	A	Z	P	T	G	P	S	A	E	N	L
W	R	E	N	E	R	A	D	I	O	F	R	T	D	R	E
I	C	K	G	L	N	E	T	W	E	R	K	I	I	N	P
J	I	A	G	L	K	R	A	N	T	E	N	G	T	H	N
S	E	X	K	E	I	R	T	S	U	D	N	I	I	V	H
X	E	A	O	C	T	F	E	I	T	E	N	D	E	Z	X
O	L	Q	A	T	I	N	D	I	V	I	D	U	E	E	L
D	R	K	U	U	K	N	Z	L	Z	S	K	M	S	N	R
A	P	V	H	E	I	T	A	C	I	N	U	M	M	O	C
P	D	F	U	E	T	E	L	E	V	I	S	I	E	K	J
C	F	O	A	L	A	A	K	O	L	U	R	Y	O	F	F
F	I	N	A	N	C	I	E	R	I	N	G	A	V	L	J

HOUDING
COMMERCIEEL
COMMUNICATIE
DIGITAAL
EDITIE
ONDERWIJS
FEITEN
FINANCIERING
FOTO'S
INDIVIDUEEL
INDUSTRIE
INTELLECTUEEL
KRANTEN
LOKAAL
ONLINE
MENING
PUBLIEK
RADIO
NETWERK
TELEVISIE

25 - Casa

R	S	T	J	I	P	A	T	B	S	Y	C	K	G	G	M
E	A	H	G	H	L	T	A	A	D	X	P	E	O	B	S
M	E	A	E	E	A	O	I	C	G	G	T	U	R	K	Y
A	L	P	M	F	F	G	A	T	P	V	S	K	D	V	Z
K	E	H	F	F	O	D	I	V	L	E	G	E	I	P	S
X	H	V	H	A	N	U	O	D	L	W	Z	N	J	P	D
D	R	A	A	H	D	P	H	D	C	S	Q	I	N	I	M
M	B	I	B	L	I	O	T	H	E	E	K	U	E	B	Q
E	U	B	A	D	E	U	R	L	V	G	Z	T	N	N	P
Z	R	U	R	L	K	R	A	A	N	A	I	A	Z	L	I
E	Y	W	R	Y	I	Y	L	P	X	R	E	D	L	O	Z
B	M	E	A	L	K	B	O	R	J	A	K	S	Q	Y	D
H	W	Z	Z	Z	M	V	U	K	R	G	W	M	L	O	R
G	M	O	C	H	Q	H	U	E	K	G	D	L	U	Q	G
T	G	A	Q	I	L	V	Y	C	M	C	R	I	U	Y	B
S	L	E	U	T	E	L	S	D	O	U	C	H	E	U	A

BIBLIOTHEEK
HEK
SLEUTELS
DOUCHE
GORDIJNEN
KEUKEN
SPIEGEL
GARAGE
RAAM
TUIN
HAARD
MEUBILAIR
MUUR
DEUR
KAMER
ZOLDER
TAPIJT
PLAFOND
KRAAN
BEZEM

26 - Vegetais

Z	S	O	D	Z	B	L	P	A	Q	D	S	K	A	F	F
E	I	L	E	S	R	E	T	E	P	S	X	F	A	I	M
V	T	Y	X	K	O	J	S	I	T	R	A	B	R	S	E
S	A	T	M	M	C	S	J	A	L	O	T	R	D	P	Q
P	A	A	R	C	C	R	K	I	X	S	W	Y	A	I	U
C	M	L	O	F	O	G	W	N	R	M	R	S	P	N	I
E	O	K	A	E	L	H	E	J	V	E	E	G	P	A	P
T	T	O	Q	D	I	G	O	M	Q	Y	D	I	E	Z	A
E	N	I	G	R	E	B	U	A	B	H	B	L	L	I	D
K	O	M	K	O	M	M	E	R	S	E	R	X	E	E	D
R	A	D	I	J	S	A	X	L	E	T	R	O	W	S	E
P	O	M	P	O	E	N	K	N	O	F	L	O	O	K	S
I	P	P	M	Y	D	K	A	N	Z	Z	P	W	V	Q	T
G	D	T	J	Y	N	N	L	K	S	Q	X	E	R	E	O
C	P	D	K	T	Y	V	D	K	T	F	L	S	W	J	E
O	V	X	H	Z	C	K	V	I	S	W	O	C	W	X	L

POMPOEN
SELDERIJ
ARTISJOK
KNOFLOOK
AARDAPPEL
AUBERGINE
BROCCOLI
UI
WORTEL
SJALOT
PADDESTOEL
ERWT
SPINAZIE
GEMBER
RAAP
KOMKOMMER
RADIJS
SALADE
PETERSELIE
TOMAAT

27 - Balé

D	Z	G	S	S	C	L	T	B	D	F	K	F	P	T	C
T	K	E	I	L	B	U	P	E	I	Q	A	A	M	L	O
E	E	B	E	M	T	I	R	P	X	W	N	R	N	D	M
C	I	A	R	I	M	I	L	P	W	Q	I	S	Q	I	P
H	T	A	L	O	F	E	I	S	S	E	R	P	X	E	O
N	S	R	I	J	R	A	S	S	B	I	E	J	G	H	N
I	I	F	J	T	T	K	R	X	B	T	L	U	B	G	I
E	T	E	K	V	J	E	E	G	C	I	L	C	J	I	S
K	R	P	B	M	C	I	S	S	O	T	A	J	K	D	T
J	A	D	R	I	J	Z	N	H	T	E	B	H	I	R	W
Z	O	Z	D	A	S	U	A	W	P	P	R	N	E	A	V
D	R	D	A	X	K	M	D	E	T	E	R	O	S	A	M
Q	S	S	O	L	O	T	M	Y	Q	R	P	O	H	V	M
H	A	L	T	I	E	T	I	S	N	E	T	N	I	C	L
F	U	Z	W	R	O	K	M	J	U	R	K	T	S	N	W
A	P	P	L	A	U	S	W	S	K	S	T	I	J	L	Y

APPLAUS
ARTISTIEK
BALLERINA
COMPONIST
CHOREOGRAFIE
DANSERS
REPETITIE
STIJL
EXPRESSIEF
GEBAAR
SIERLIJK
VAARDIGHEID
INTENSITEIT
MUZIEK
ORKEST
PRAKTIJK
PUBLIEK
RITME
SOLO
TECHNIEK

28 - Adjetivos #1

E	D	E	U	B	K	D	E	I	H	L	W	W	Q	L	J
R	O	E	D	E	T	F	W	A	A	R	D	E	V	O	L
N	N	R	W	L	I	U	C	N	H	Z	K	P	F	U	S
S	K	L	I	A	E	Y	W	Z	H	R	O	Q	E	C	A
T	E	I	U	N	G	X	R	W	G	R	O	O	T	S	M
I	R	J	R	G	N	D	O	A	B	S	O	L	U	U	T
G	X	K	M	R	O	N	E	T	J	O	D	M	A	E	A
F	P	R	Z	I	B	R	F	L	I	A	E	N	R	I	R
B	X	T	H	J	F	E	Q	A	T	S	V	N	O	R	T
Z	T	C	G	K	U	D	T	N	T	U	C	O	M	E	I
V	D	E	F	F	Z	O	Y	G	Y	L	G	H	A	T	S
Y	S	F	T	D	E	M	I	Z	E	F	L	V	T	S	T
B	M	R	A	A	W	Z	B	A	R	P	R	D	I	Y	I
I	D	E	N	T	I	E	K	A	Y	S	Y	G	S	M	E
W	E	P	O	E	K	M	V	M	N	D	D	A	C	Z	K
K	C	D	D	U	N	C	Y	O	Q	N	Z	H	H	X	K

ABSOLUUT
AROMATISCH
ARTISTIEK
ENORM
DONKER
EXOTISCH
DUN
GUL
GROOT
EERLIJK
IDENTIEK
BELANGRIJK
LANGZAAM
MYSTERIEUS
MODERN
PERFECT
ZWAAR
ERNSTIG
WAARDEVOL

29 - Psicologia

G	A	R	D	E	G	Q	K	K	J	S	E	O	H	C	L
B	E	I	P	A	R	E	H	T	L	E	Z	F	O	G	R
E	R	V	O	N	X	H	G	I	W	I	U	G	T	G	V
W	E	C	O	D	R	O	M	E	N	T	N	G	F	T	V
U	A	O	O	E	N	J	T	I	G	O	G	I	D	R	I
S	L	G	N	O	L	P	C	K	J	M	D	M	S	D	K
T	I	N	D	L	U	C	W	E	G	E	H	I	G	C	B
E	T	I	E	V	E	R	V	A	R	I	N	G	E	N	H
L	E	T	R	N	P	E	R	C	E	P	T	I	E	E	C
O	I	I	B	I	P	R	O	B	L	E	E	M	Y	T	O
O	T	E	E	T	N	M	R	T	R	S	M	L	F	H	N
S	J	O	W	C	Q	A	S	C	Z	K	J	G	B	C	F
C	F	Y	U	T	T	Z	K	A	A	R	P	S	F	A	L
S	X	O	S	H	E	G	O	U	O	D	X	F	Q	D	I
Q	Z	E	T	E	O	U	H	C	Q	W	E	C	N	E	C
B	E	O	O	R	D	E	L	I	N	G	K	P	L	G	T

BEOORDELING
KLINISCH
COGNITIE
GEDRAG
AFSPRAAK
CONFLICT
EGO
EMOTIES
ERVARINGEN
BEWUSTELOOS
JEUGD
INVLOED
GEDACHTEN
PERCEPTIE
PROBLEEM
REALITEIT
GEVOEL
DROMEN
ONDERBEWUST
THERAPIE

30 - Paisagens

S	H	B	H	H	O	C	D	Z	G	I	N	X	O	K	P
P	C	J	Y	Z	E	A	G	E	R	L	Q	N	R	E	K
V	L	H	E	N	B	U	S	E	O	M	I	K	Z	D	B
O	G	Z	I	B	A	C	V	E	T	E	T	J	R	K	M
P	D	Y	E	E	G	B	P	E	F	E	I	M	G	N	X
G	Q	D	L	K	R	K	Z	Z	L	R	I	O	M	O	B
L	F	W	L	Y	E	E	L	V	O	C	B	G	S	Z	E
E	L	Q	A	Q	B	Q	I	F	G	T	M	X	N	I	R
T	A	X	V	K	S	T	D	L	M	O	E	R	A	S	G
S	U	D	C	G	J	V	I	V	A	D	Q	E	A	T	T
J	T	N	S	H	I	G	L	M	K	N	M	I	E	O	O
E	W	A	T	E	R	V	A	L	U	A	D	V	C	E	C
R	D	L	M	Q	S	M	B	J	G	R	E	I	O	N	S
M	W	I	G	L	R	X	I	B	K	T	B	R	N	D	Y
S	Y	E	N	D	K	B	A	O	Z	S	P	K	E	R	G
W	O	E	S	T	I	J	N	A	A	K	L	U	V	A	E

WATERVAL
GROT
HEUVEL
WOESTIJN
GLETSJER
GOLF
IJSBERG
EILAND
MEER
ZEE
BERG
OASE
OCEAAN
MOERAS
SCHIEREILAND
STRAND
RIVIER
TOENDRA
VALLEI
VULKAAN

31 - Dança

X	E	T	J	J	X	K	U	Q	P	R	B	M	L	A	E
N	M	S	C	J	I	L	B	E	W	E	G	I	N	G	C
G	O	R	U	L	M	A	A	H	C	I	L	K	Q	W	U
N	T	S	N	U	K	S	F	Q	E	Y	P	V	T	X	L
C	I	M	R	F	O	S	A	K	A	W	P	I	W	J	T
S	E	A	H	Z	E	I	H	B	X	H	J	X	U	T	U
C	P	C	F	N	I	E	O	W	J	B	A	K	V	U	U
U	A	R	E	X	X	K	U	C	W	N	G	I	U	Z	R
L	C	E	I	Y	Z	E	D	A	N	E	G	Q	L	F	V
T	A	N	S	N	D	E	I	T	I	T	E	P	E	R	I
U	D	T	S	M	G	R	N	O	Y	E	L	I	I	S	S
R	E	R	E	K	U	E	G	W	M	Z	D	K	P	M	U
E	M	A	R	Z	S	Z	N	C	C	R	I	T	M	E	E
E	I	P	P	D	J	H	I	C	R	R	T	C	F	E	E
L	E	C	X	W	M	K	N	E	W	I	A	S	S	J	L
R	J	Q	E	I	U	L	H	D	K	G	Q	B	S	J	Q

ACADEMIE
BLIJ
KUNST
KLASSIEK
LICHAAM
CULTUUR
CULTUREEL
EMOTIE
REPETITIE
EXPRESSIEF
GENADE
BEWEGING
MUZIEK
PARTNER
HOUDING
RITME
SPRINGEN
VISUEEL

32 - Nutrição

E	W	L	X	E	E	T	B	A	A	R	F	D	R	U	B
C	I	N	Q	J	H	J	Q	A	A	Z	E	I	K	P	R
T	A	W	Y	K	S	U	X	E	T	K	R	E	S	T	R
X	C	L	I	J	X	B	T	E	X	U	M	E	T	I	U
Z	E	Y	O	T	X	C	P	T	U	D	E	T	Z	Q	M
H	G	R	J	R	T	V	Y	L	Q	D	N	O	Z	E	G
M	B	Z	P	L	I	E	F	U	B	A	T	A	S	X	X
S	K	K	N	C	C	E	N	S	O	K	A	A	M	S	J
Y	W	D	C	E	R	L	Ë	T	G	E	T	G	O	Y	C
G	B	I	T	T	E	R	W	N	F	O	I	F	D	S	C
T	E	K	W	A	L	I	T	E	I	T	E	D	C	M	V
O	G	W	I	N	G	R	E	D	I	Ë	N	T	E	N	S
X	X	D	I	E	H	D	N	O	Z	E	G	B	C	K	A
I	V	M	U	C	D	I	T	D	X	F	T	K	V	F	U
N	J	G	I	T	H	C	I	W	N	E	V	E	B	Y	S
E	N	E	F	F	O	T	S	I	E	O	L	V	C	Y	J

BITTER
EETLUST
CALORIEËN
EETBAAR
DIEET
EVENWICHTIG
FERMENTATIE
INGREDIËNTEN
VLOEISTOFFEN
SAUS
GEWICHT
EIWITTEN
KWALITEIT
SMAAK
GEZOND
GEZONDHEID
TOXINE

33 - Energia

E	Z	B	V	X	J	O	Z	K	W	V	I	V	Y	R	N
G	N	I	V	E	G	M	O	O	I	D	N	Z	O	N	U
O	O	T	J	I	N	I	Q	O	N	N	D	V	T	M	C
O	T	N	R	X	D	K	V	L	D	T	U	J	M	S	L
G	O	F	B	O	Q	J	D	S	X	U	S	C	S	L	E
R	F	O	O	X	P	B	E	T	H	R	T	E	C	E	A
V	F	T	I	A	A	I	G	O	C	B	R	G	X	A	I
X	E	S	V	S	J	J	E	F	S	I	I	Q	B	B	R
K	B	R	M	O	T	O	R	U	I	N	E	R	R	E	Y
P	W	E	V	C	O	Q	G	B	R	E	S	R	A	N	C
H	V	T	F	U	E	L	E	K	T	R	O	N	N	Z	B
E	W	A	O	T	I	I	J	O	K	X	O	D	D	I	J
E	W	W	V	G	R	L	E	S	E	I	D	X	S	N	Q
W	A	R	M	T	E	G	I	S	L	Z	B	I	T	E	V
I	N	S	C	K	Y	B	A	N	E	W	P	S	O	E	S
P	S	G	E	R	T	S	Z	W	G	Z	M	X	F	Q	T

OMGEVING
ACCU
WARMTE
KOOLSTOF
BRANDSTOF
DIESEL
ELEKTRISCH
ELEKTRON
ENTROPIE
FOTON
BENZINE
WATERSTOF
INDUSTRIE
MOTOR
NUCLEAIR
VERVUILING
ZON
TURBINE
WIND

34 - Disciplinas Científicas

F	B	I	M	I	N	E	R	A	L	O	G	I	E	A	N
Y	I	I	M	Z	O	Ö	L	O	G	I	E	Y	I	S	E
S	O	E	I	M	O	T	A	N	A	V	T	K	G	T	U
I	C	I	T	X	U	G	G	F	Q	Y	K	S	O	R	R
O	H	G	N	C	E	N	J	F	E	M	F	C	L	O	O
L	E	O	H	V	D	Q	O	Y	I	Q	O	U	O	N	L
O	M	L	H	J	N	O	W	L	G	S	U	B	C	O	O
G	I	O	H	L	U	X	W	T	O	W	W	Y	E	M	G
I	E	E	H	S	K	H	F	T	L	G	T	Q	B	I	I
E	J	G	C	R	T	H	O	L	O	U	I	E	I	E	E
M	E	C	H	A	N	I	C	A	R	E	K	E	O	B	E
I	F	I	E	R	A	S	I	Y	O	B	F	C	L	E	C
P	E	I	G	O	L	O	I	S	E	N	I	K	O	G	O
B	N	V	G	G	P	H	Q	L	T	R	T	A	G	J	W
B	C	H	E	M	I	E	W	D	E	O	D	G	I	C	R
T	A	A	L	K	U	N	D	E	M	R	I	M	E	X	E

ANATOMIE
ASTRONOMIE
BIOLOGIE
BIOCHEMIE
PLANTKUNDE
KINESIOLOGIE
ECOLOGIE
FYSIOLOGIE
GEOLOGIE
IMMUNOLOGIE
TAALKUNDE
MECHANICA
METEOROLOGIE
MINERALOGIE
NEUROLOGIE
CHEMIE
ZOÖLOGIE

35 - Meditação

M	H	P	A	Q	Z	N	K	I	K	P	M	L	P	H	D
E	U	W	D	M	N	A	B	H	M	C	E	A	E	E	A
O	D	Z	S	U	X	T	R	Y	M	Y	D	A	R	L	N
K	O	Z	I	Y	D	U	L	C	D	K	E	N	S	D	K
P	E	I	M	E	T	U	P	T	G	J	D	D	P	E	B
P	Z	D	C	V	K	R	Q	J	W	L	O	A	E	R	A
Y	L	G	E	D	A	C	H	T	E	N	G	C	C	H	A
O	N	D	E	R	W	I	J	S	H	C	E	H	T	E	R
G	S	T	I	L	T	E	Q	E	X	O	N	T	I	I	H
W	E	A	L	W	M	K	Z	E	E	E	U	Y	E	D	E
A	E	V	T	X	N	B	E	G	D	G	R	D	F	G	I
K	G	B	N	L	A	A	T	N	E	M	V	H	I	Z	D
K	I	W	A	V	E	Z	E	W	R	K	V	T	C	N	U
E	P	G	N	I	D	R	A	A	V	N	A	A	M	S	G
R	H	L	G	Z	A	S	E	I	T	O	M	E	Y	F	R
V	O	A	O	Q	N	D	G	N	I	G	E	W	E	B	J

AANVAARDING
WAKKER
LEREN
AANDACHT
HELDERHEID
MEDEDOGEN
EMOTIES
ONDERWIJS
DANKBAARHEID
MENTAAL
GEEST
BEWEGING
MUZIEK
NATUUR
VREDE
GEDACHTEN
PERSPECTIEF
HOUDING
STILTE

36 - Artes Visuais

P	C	R	T	I	E	T	I	V	I	T	A	E	R	C	M
O	W	A	S	P	W	J	B	D	V	M	R	H	H	V	N
T	T	M	R	E	Z	I	E	T	X	S	T	V	T	Y	A
L	B	O	R	R	W	R	E	E	B	J	I	E	L	K	R
O	S	K	F	S	B	K	L	I	C	N	E	T	S	R	C
O	C	P	Y	P	M	V	D	V	U	D	S	C	V	E	H
D	H	W	U	E	R	E	H	U	L	Q	T	Y	I	W	I
M	I	K	Z	C	P	R	O	H	V	K	D	B	Y	R	T
I	L	P	Y	T	E	N	U	P	U	L	T	M	W	E	E
Y	D	I	Z	I	N	I	W	V	O	G	Z	K	G	T	C
Z	E	F	F	E	X	S	W	V	Z	R	F	N	M	S	T
H	R	B	G	F	X	G	E	M	C	E	T	J	B	E	U
N	I	A	N	L	P	S	R	E	Z	E	L	R	O	E	U
N	J	L	J	J	J	M	K	K	A	M	L	R	E	M	R
M	R	K	E	R	A	M	I	E	K	G	C	W	C	T	N
S	A	M	E	N	S	T	E	L	L	I	N	G	K	A	V

KLEI
ARCHITECTUUR
ARTIEST
PEN
EZEL
WAS
KERAMIEK
SAMENSTELLING
CREATIVITEIT
BEELDHOUWWERK
STENCIL
FILM
FOTO
KRIJT
POTLOOD
MEESTERWERK
PERSPECTIEF
SCHILDERIJ
PORTRET
VERNIS

37 - Moda

O	X	A	B	F	I	E	L	C	Y	Q	H	L	D	V	C
E	R	P	F	O	T	S	H	J	I	D	W	E	E	W	J
E	A	I	Y	M	K	N	O	P	Q	F	L	B	F	R	Q
N	A	M	G	M	E	F	G	O	B	I	K	A	N	T	J
V	B	X	R	I	Y	T	N	X	A	J	I	T	E	B	L
O	L	Z	W	D	N	N	I	G	H	E	A	R	D	J	B
U	A	H	A	I	S	E	D	N	E	R	T	O	I	Z	O
D	A	C	M	G	J	U	E	X	G	L	U	F	E	D	R
I	T	S	T	I	J	L	L	L	V	E	U	M	H	U	D
G	E	I	M	D	G	V	K	U	Z	K	N	O	C	U	U
J	B	T	L	O	E	L	E	G	A	N	T	C	S	R	U
F	E	K	Q	L	D	B	P	X	Z	I	M	Q	E	N	R
J	C	A	F	Z	N	E	A	K	C	W	C	M	B	I	W
P	F	R	N	M	X	R	R	U	U	T	X	E	T	I	E
R	O	P	U	U	G	E	G	N	C	H	T	S	R	U	R
D	W	D	X	T	Y	O	E	I	B	J	U	P	O	Z	K

BETAALBAAR
BORDUURWERK
KNOP
WINKEL
DUUR
COMFORTABEL
ELEGANT
STIJL
AFMETINGEN
MODERN
BESCHEIDEN
ORIGINEEL
PRAKTISCH
KANT
KLEDING
EENVOUDIG
STOF
TREND
TEXTUUR

38 - Instrumentos Musicais

H	F	V	I	C	Z	T	I	U	L	F	P	J	F	U	G
A	A	A	J	C	S	R	E	D	A	C	J	Q	P	Q	Y
O	F	R	G	V	N	O	G	T	R	O	M	M	E	L	E
T	G	O	P	O	F	M	I	S	A	X	O	F	O	O	N
P	C	K	C	J	T	P	T	Q	I	T	N	Z	X	I	I
V	W	F	L	N	O	E	A	E	V	A	A	T	O	J	L
M	Y	S	S	A	H	T	A	L	X	M	I	D	K	H	O
E	U	X	U	B	R	E	R	A	W	B	P	U	W	A	D
C	E	L	L	O	S	I	T	O	C	O	M	Y	L	E	N
V	I	O	O	L	H	M	N	O	H	E	A	U	H	L	A
H	O	B	O	F	O	T	K	E	Z	R	R	B	T	H	M
T	R	O	M	B	O	N	E	Z	T	I	I	R	W	B	E
A	L	L	H	H	R	L	E	V	K	J	M	D	O	Z	N
P	E	R	C	U	S	S	I	E	B	N	B	E	S	A	H
E	P	Y	D	X	G	O	N	G	H	F	A	P	X	T	E
M	M	M	O	N	D	H	A	R	M	O	N	I	C	A	H

MANDOLINE
BANJO
KLARINET
FAGOT
FLUIT
MONDHARMONICA
GONG
HARP
MARIMBA
HOBO
TAMBOERIJN
PERCUSSIE
PIANO
SAXOFOON
TROMMEL
TROMBONE
TROMPET
GITAAR
VIOOL
CELLO

39 - Adjetivos #2

I	N	T	E	R	E	S	S	A	N	T	V	P	T	Z	W
Z	K	D	L	P	J	H	B	G	L	A	A	M	R	O	N
R	Z	O	A	S	G	Z	A	V	O	F	Z	Q	O	U	C
D	N	E	V	J	I	R	H	C	S	E	B	D	T	T	E
I	O	Z	T	F	E	I	T	A	E	R	C	L	S	Q	L
K	D	F	U	E	N	A	T	U	U	R	L	I	J	K	E
E	E	L	P	I	D	R	O	O	G	H	I	W	H	U	G
I	O	C	F	T	V	X	A	S	X	Y	P	T	K	L	A
T	X	E	E	C	B	E	K	R	D	D	N	Z	Z	V	N
N	F	S	P	U	M	O	R	K	Q	A	R	I	S	S	T
E	Z	Y	F	D	D	M	E	O	R	E	B	E	E	E	L
H	K	X	T	O	N	W	T	G	F	P	G	G	Q	U	V
T	Q	X	L	R	G	O	S	F	H	E	K	L	W	Y	W
U	O	Y	P	P	W	U	Z	T	C	P	R	E	I	Z	K
A	X	J	D	F	A	A	G	E	B	B	K	W	Q	O	C
K	J	A	H	E	E	T	B	Y	G	Q	A	B	G	X	G

AUTHENTIEK
CREATIEF
BESCHRIJVEND
BEGAAFD
ELEGANT
BEROEMD
STERK
DIK
INTERESSANT
NATUURLIJK
NORMAAL
NIEUW
TROTS
PRODUCTIEF
ZUIVER
HEET
ZOUT
GEZOND
DROOG
WILD

40 - Roupas

C	R	R	R	J	P	T	W	V	Q	W	P	U	N	B	I
K	R	U	J	A	L	Y	O	D	A	R	A	M	P	O	C
S	E	Q	A	S	K	U	J	N	F	A	M	B	T	I	F
O	J	T	D	J	I	W	C	A	P	Q	O	H	O	E	D
K	A	R	T	E	B	E	C	B	M	T	D	K	M	Q	J
K	S	O	P	I	S	E	M	M	I	A	E	H	A	Z	R
E	P	H	N	R	N	R	F	R	R	A	P	Q	P	K	S
N	G	C	E	X	E	G	A	A	I	Z	L	O	R	S	T
K	G	S	L	F	O	U	A	H	E	S	U	O	L	B	R
M	J	V	A	X	H	O	J	L	M	W	B	O	Q	R	I
H	A	N	D	S	C	H	O	E	N	E	N	B	Z	O	T
J	A	U	N	N	S	F	P	U	G	G	S	W	Y	E	T
Y	J	E	A	N	S	G	J	D	L	P	R	H	L	K	R
C	V	I	S	M	Y	J	M	K	N	X	U	E	I	O	U
I	E	V	J	J	Q	L	L	C	G	E	S	V	J	R	I
Y	C	X	X	A	L	J	F	F	Y	L	U	F	G	S	T

SCHORT
BLOUSE
BROEK
SHIRT
JAS
HOED
RIEM
KETTING
JASJE
JEANS
HANDSCHOENEN
SOKKEN
MODE
PYJAMA
ARMBAND
ROK
SANDALEN
SCHOEN
TRUI
JURK

41 - Herbalismo

S	A	F	F	R	A	A	N	E	O	R	G	G	T	K	K
M	U	E	G	Y	H	F	D	J	D	K	E	A	U	W	O
Z	I	L	E	D	N	E	V	A	L	T	R	G	I	A	R
B	A	S	I	L	I	C	U	M	J	O	P	R	N	L	I
U	Q	G	L	V	E	N	K	E	L	M	I	Y	A	I	A
J	A	D	E	I	N	G	R	E	D	I	Ë	N	T	T	N
Q	A	Y	S	K	O	O	L	F	O	N	K	H	R	E	D
M	S	D	R	C	G	D	T	R	V	J	Y	D	B	I	E
A	B	N	E	P	A	M	U	F	M	X	Q	E	Q	T	R
R	L	R	T	A	R	O	M	A	T	I	S	C	H	Y	D
J	Q	H	E	U	D	E	Q	X	L	N	B	L	O	E	M
O	U	T	P	F	C	W	I	E	A	S	A	E	O	W	O
L	B	G	I	L	E	D	R	O	O	V	L	L	H	W	F
E	V	U	Q	J	D	V	S	Y	O	G	S	N	P	U	C
I	O	D	D	J	M	R	O	Z	E	M	A	R	I	J	N
N	O	H	E	X	O	S	M	A	A	K	C	Y	B	A	P

SAFFRAAN
ROZEMARIJN
KNOFLOOK
AROMATISCH
VOORDELIG
KORIANDER
DRAGON
BLOEM
VENKEL
INGREDIËNT
TUIN
LAVENDEL
BASILICUM
MARJOLEIN
PLANT
KWALITEIT
SMAAK
PETERSELIE
TIJM
GROEN

42 - Arqueologia

D	T	T	M	N	D	F	X	P	I	G	O	J	X	E	T
E	C	E	I	R	E	T	S	Y	M	P	B	K	O	Y	T
S	R	P	A	P	R	R	R	G	H	J	J	S	Y	X	G
K	E	D	S	M	B	I	K	X	P	K	E	Y	Z	I	T
U	A	N	T	G	N	U	Q	J	D	N	C	M	K	J	E
N	Y	A	V	N	E	T	T	O	B	E	T	H	S	S	M
D	O	Z	D	I	E	H	D	U	O	R	E	Q	S	H	P
I	Y	T	K	L	E	I	S	S	O	F	N	B	Q	W	E
G	J	A	R	E	N	E	V	A	L	U	A	T	I	E	L
E	I	N	E	M	I	O	N	B	E	K	E	N	D	B	K
R	Q	D	P	O	C	W	A	N	A	L	Y	S	E	C	G
T	B	V	D	K	R	E	K	E	O	Z	R	E	D	N	O
X	M	W	J	A	D	G	N	I	V	A	H	C	S	E	B
I	T	U	I	N	Z	U	P	V	L	G	R	A	F	M	L
B	N	E	T	E	G	R	E	V	D	E	X	F	Z	R	S
P	R	O	F	E	S	S	O	R	O	V	R	F	R	O	L

ANALYSE
JAREN
OUDHEID
EVALUATIE
BESCHAVING
NAKOMELING
ONBEKEND
TEAM
TIJDPERK
DESKUNDIGE
VERGETEN
FOSSIEL
ONDERZOEKER
MYSTERIE
OBJECTEN
BOTTEN
PROFESSOR
RELIKWIE
TEMPEL
GRAF

43 - Agronomia

L	H	S	C	D	D	V	N	T	G	L	C	T	C	Z	E
P	A	H	C	S	N	E	T	E	W	R	B	H	L	A	F
O	D	N	R	W	G	R	O	E	I	Z	O	M	D	D	A
X	T	E	D	B	A	B	V	Q	J	P	Y	E	G	E	Y
L	S	T	S	E	M	T	V	Y	R	P	E	D	N	N	B
P	R	K	E	I	L	A	E	H	U	J	Z	O	I	T	D
G	W	E	B	G	C	I	C	R	E	Q	D	B	L	S	E
N	H	I	I	O	B	T	J	W	K	T	F	U	I	Y	I
I	C	Z	V	L	V	S	Z	K	P	U	H	P	U	S	T
V	S	P	X	O	E	N	E	R	G	I	E	S	V	T	C
E	I	T	A	C	I	F	I	T	N	E	D	I	R	E	U
G	N	V	F	E	S	Y	L	W	L	M	B	C	E	M	D
M	A	Y	F	Z	O	P	L	A	N	T	E	N	V	E	O
O	G	B	G	L	R	L	A	N	D	B	O	U	W	N	R
W	R	Y	K	B	E	E	E	D	H	Z	P	I	Y	S	P
J	O	K	T	W	T	L	J	U	K	F	P	T	X	L	J

LANDBOUW
OMGEVING
WATER
WETENSCHAP
GROEI
ZIEKTEN
ECOLOGIE
ENERGIE
EROSIE
MEST
IDENTIFICATIE
GROENTE
ORGANISCH
PLANTEN
VERVUILING
PRODUCTIE
LANDELIJK
ZADEN
SYSTEMEN
BODEM

44 - Frutas

X	Q	O	T	V	Y	I	H	X	J	A	P	F	Y	D	Z
U	K	Z	V	H	G	W	W	S	Y	V	E	R	B	K	L
C	D	B	E	C	B	X	M	B	N	X	R	A	N	O	O
X	A	D	E	P	A	P	A	J	A	M	Z	M	A	K	Y
N	S	G	S	S	A	N	A	N	A	N	I	B	J	O	A
C	I	T	R	O	E	N	R	K	N	E	K	O	A	S	P
E	W	L	G	V	O	V	B	N	A	C	J	O	Y	N	P
U	I	K	T	Q	W	W	G	X	B	T	M	S	T	O	E
Y	K	M	G	X	I	Q	M	U	Z	A	O	A	V	O	L
R	S	Y	F	J	H	V	A	B	Z	R	R	W	N	T	W
J	A	Y	A	P	M	I	E	A	V	I	A	O	Q	G	L
B	Y	X	B	K	H	J	P	L	Y	N	N	X	P	K	O
N	D	R	U	I	F	G	P	E	F	E	J	N	P	H	W
A	B	R	I	K	O	O	S	R	E	K	E	P	U	E	P
I	M	O	Y	F	O	T	U	U	H	R	N	X	B	X	Z
A	V	O	C	A	D	O	C	W	X	E	Z	J	B	W	H

AVOCADO
ANANAS
BRAAM
BES
BANAAN
KERS
KOKOSNOOT
ABRIKOOS
VIJG
FRAMBOOS
KIWI
ORANJE
CITROEN
APPEL
PAPAJA
MANGO
NECTARINE
PEER
PERZIK
DRUIF

45 - Corpo Humano

J	F	Y	A	H	M	J	G	N	H	U	N	K	I	G	J
K	M	I	N	W	Y	H	D	Q	E	I	N	K	B	E	Q
H	M	F	D	W	Z	S	Y	I	R	J	D	U	D	S	D
U	V	I	N	G	E	R	R	B	S	L	Z	E	Q	A	M
I	H	G	N	C	Z	P	P	M	E	Y	S	M	M	D	W
D	F	O	O	H	R	O	O	V	N	Z	X	S	O	E	B
N	O	A	W	G	G	Z	K	D	E	A	Y	T	E	E	B
A	O	X	Q	P	X	P	J	U	N	S	M	J	H	G	L
H	G	I	E	K	A	A	K	E	N	K	A	O	G	G	O
O	O	P	O	D	I	N	E	U	S	W	S	M	N	W	E
Q	O	J	E	O	L	N	F	P	R	J	R	C	P	D	D
D	B	B	X	L	R	E	D	U	O	H	C	S	W	H	Q
L	E	O	D	V	H	E	N	L	K	X	N	K	J	O	O
B	L	E	K	N	E	B	N	U	G	X	D	G	T	O	W
H	L	I	H	A	R	T	J	W	V	Y	H	V	O	F	A
S	E	S	I	Y	J	S	D	N	G	N	Y	Y	I	D	A

MOND
HOOFD
HERSENEN
HART
ELLEBOOG
VINGER
KNIE
KAAK
HAND
NEUS

OOG
SCHOUDER
OOR
HUID
BEEN
NEK
KIN
BLOED
VOORHOOFD
ENKEL

46 - Caminhada

N	A	T	U	U	R	L	M	A	U	P	G	N	W	D	C
W	O	Z	H	E	C	A	X	M	H	I	Q	O	J	V	O
E	C	Z	U	M	K	A	W	E	E	R	E	O	D	T	W
H	F	A	J	I	Z	R	A	S	P	P	B	Z	E	G	E
S	V	Z	G	X	H	Z	L	I	P	D	M	Z	T	H	P
O	R	K	J	U	U	E	E	X	H	P	K	W	Q	I	H
K	R	F	Z	E	R	N	E	S	D	I	G	F	I	I	C
A	K	I	B	E	R	G	G	E	V	A	R	E	N	L	U
M	L	L	Ë	C	F	Y	I	K	F	O	O	M	Z	A	D
P	I	K	G	N	I	D	I	E	R	E	B	R	O	O	V
E	M	D	R	E	T	A	W	M	O	E	Y	T	A	X	E
R	A	I	T	K	D	A	Z	Q	L	O	D	P	Q	R	V
E	A	E	M	R	T	I	T	B	W	A	J	M	D	P	L
N	T	R	A	A	K	B	Y	I	S	K	E	H	K	C	C
H	Y	E	Q	P	K	P	K	T	E	C	Z	W	A	A	R
R	M	N	E	N	E	T	S	S	I	Z	O	N	S	I	B

KAMPEREN
DIEREN
WATER
LAARZEN
MOE
KLIMAAT
GIDSEN
KAART
BERG
NATUUR
ORIËNTATIE
PARKEN
STENEN
KLIF
GEVAREN
ZWAAR
VOORBEREIDING
WILD
ZON
WEER

47 - Biologia

C	A	Y	E	X	P	U	N	Ë	I	R	E	T	C	A	B
N	H	B	M	N	N	V	E	G	K	B	C	I	K	Q	N
K	C	R	N	O	R	Q	E	G	O	B	C	W	J	W	S
P	C	J	O	J	W	O	G	T	H	T	R	I	I	J	N
J	A	O	R	M	A	D	A	M	F	D	S	E	L	F	U
Y	Y	V	U	M	O	E	L	E	I	T	P	E	R	O	U
L	H	Y	E	L	M	S	L	E	C	A	A	I	U	T	Y
O	O	O	N	Z	Q	O	O	S	R	N	N	T	U	O	G
N	F	S	R	R	S	M	C	O	Y	A	Y	U	T	S	C
B	L	Y	R	M	P	S	S	I	M	T	S	L	A	Y	I
Z	E	N	U	W	O	O	V	B	K	O	K	O	N	N	F
E	M	B	R	Y	O	O	B	M	I	M	L	V	D	T	C
M	U	T	A	T	I	E	N	Y	C	I	Y	E	V	H	Z
J	H	I	W	X	C	M	N	S	I	E	B	Z	K	E	I
Z	O	O	G	D	I	E	R	V	A	Z	U	L	N	S	F
M	G	T	I	U	B	N	A	S	K	Q	Z	J	H	E	V

ANATOMIE
BACTERIËN
CEL
COLLAGEEN
CHROMOSOOM
EMBRYO
ENZYM
EVOLUTIE
FOTOSYNTHESE
HORMOON
ZOOGDIER
MUTATIE
NATUURLIJK
ZENUW
NEURON
OSMOSE
EIWIT
REPTIEL
SYMBIOSE
SYNAPS

48 - Beleza

O	J	H	J	J	I	W	M	B	N	O	C	K	C	K	S
E	L	E	G	A	N	T	K	T	O	L	G	E	U	R	C
M	A	R	A	C	S	A	M	W	O	I	B	I	L	U	H
R	V	H	W	I	D	R	Y	K	P	Ë	S	N	I	E	A
A	G	L	W	T	I	I	L	J	M	N	V	E	P	L	A
H	S	D	Q	E	U	O	E	D	A	N	E	G	P	K	R
C	P	T	E	M	H	O	G	N	H	E	J	O	E	T	P
R	Z	S	R	S	Y	Q	E	E	S	I	E	T	N	D	Q
B	D	C	X	O	T	S	I	L	I	T	S	O	S	C	F
W	D	X	V	C	I	N	P	L	Q	N	E	F	T	T	Y
Y	C	N	X	V	Y	T	S	U	O	A	C	N	I	V	R
D	R	Y	L	L	B	K	J	R	W	G	A	B	F	C	L
H	P	O	U	G	Q	Y	R	K	W	E	L	H	T	F	G
V	E	R	Z	I	N	N	E	N	M	L	P	T	R	Z	Q
W	U	M	N	L	M	S	U	V	E	E	R	Z	B	A	W
B	F	E	R	P	R	O	D	U	C	T	E	N	C	T	K

LIPPENSTIFT
KRULLEN
CHARME
KLEUR
COSMETICA
ELEGANT
ELEGANTIE
SPIEGEL
STILIST
FOTOGENIEK
GEUR
GENADE
VERZINNEN
OLIËN
HUID
PRODUCTEN
MASCARA
DIENSTEN
SCHAAR
SHAMPOO

49 - Ecologia

K	F	F	V	M	D	G	L	F	S	K	D	R	Z	L	D
J	L	M	A	A	Z	R	U	U	D	Y	S	I	Y	Q	N
I	V	I	R	U	E	Q	O	N	D	T	H	K	U	W	C
L	R	X	M	S	N	T	V	O	Q	X	U	L	J	T	M
R	I	S	F	A	U	A	A	K	G	Z	W	V	W	I	Z
U	J	S	L	R	A	O	R	P	N	T	S	N	F	W	W
U	W	H	E	E	I	T	I	S	I	R	E	Z	D	H	N
T	I	W	I	O	L	R	Ë	G	V	O	E	Y	R	G	F
A	L	O	T	M	F	U	T	D	E	O	H	W	S	L	J
N	L	X	A	W	N	U	E	I	L	S	F	E	N	O	M
E	I	W	T	I	E	T	I	S	R	E	V	I	D	B	B
T	G	D	E	Z	G	A	T	R	E	I	N	I	R	A	M
N	E	Y	G	A	R	N	G	V	V	A	Q	E	J	A	B
A	R	Q	E	D	E	V	X	Q	O	V	F	A	D	L	A
L	S	X	V	T	B	E	H	A	B	I	T	A	T	X	S
P	N	N	A	P	T	I	F	L	O	R	A	A	V	T	P

KLIMAAT
DIVERSITEIT
SOORT
FAUNA
FLORA
GLOBAAL
HABITAT
MARINIER
BERGEN
NATUURLIJK
NATUUR
MOERAS
PLANTEN
DROOGTE
OVERLEVING
DUURZAAM
VARIËTEIT
VEGETATIE
VRIJWILLIGERS

50 - Família

D	M	H	C	U	R	U	F	V	J	X	X	T	V	N	F
O	Y	K	V	G	J	R	P	M	O	O	A	A	B	A	A
C	S	L	S	R	E	D	A	V	O	S	T	N	F	N	I
H	R	E	I	L	O	E	P	J	M	E	R	T	L	G	H
T	W	I	W	K	V	U	O	O	Y	T	D	E	N	R	V
E	K	N	A	M	Q	K	W	B	T	P	S	E	Y	O	T
R	K	Z	B	H	V	F	G	Q	H	J	O	S	R	O	W
F	S	O	E	C	N	F	L	K	C	I	Y	S	E	T	E
K	V	O	V	A	D	E	R	L	I	J	K	Z	D	M	E
P	O	N	B	R	O	E	R	B	N	I	X	G	U	O	L
N	Y	Y	J	T	M	N	D	E	F	Z	H	O	O	E	I
I	W	H	H	I	C	S	E	I	D	L	W	I	R	D	N
D	W	M	W	N	I	F	U	O	O	N	N	R	O	E	G
W	O	A	B	Y	J	E	U	G	D	S	I	J	O	R	N
K	I	N	D	L	K	Z	U	S	B	H	O	K	V	R	E
G	Y	X	F	Q	O	J	R	C	F	S	T	O	A	J	Q

VOOROUDER
GROOTMOEDER
OPA
KIND
KINDEREN
VROUW
DOCHTER
TWEELING
JEUGD
ZUS
BROER
MAN
MOEDER
KLEINZOON
VADER
VADERLIJK
NICHT
NEEF
TANTE
OOM

51 - Férias #2

P	V	R	T	W	T	R	E	S	T	A	U	R	A	N	T
H	A	X	Z	U	Y	X	K	K	K	Z	I	Z	E	I	J
I	K	I	P	A	S	P	O	O	R	T	H	D	R	Z	O
R	A	E	A	X	D	A	G	Y	A	D	R	K	M	U	D
U	N	H	B	R	E	D	N	A	L	N	E	T	I	U	B
R	T	C	N	E	G	N	I	R	E	V	R	E	S	E	R
E	I	K	J	H	F	W	M	D	T	D	T	L	Y	E	V
I	E	T	Z	S	N	V	M	E	O	J	G	O	U	X	I
S	B	D	N	A	L	I	E	E	H	R	K	P	W	L	S
X	B	K	E	E	B	O	T	R	A	H	T	T	E	Z	U
D	B	H	G	N	T	N	S	N	V	T	A	X	I	E	M
Q	J	O	R	F	Z	C	E	X	X	O	F	C	W	E	D
G	C	N	E	K	H	Q	B	Y	G	O	E	O	N	B	D
F	C	M	B	K	A	A	R	T	D	N	A	R	T	S	I
L	U	C	H	T	H	A	V	E	N	G	C	E	K	O	D
C	F	R	B	O	Y	V	R	I	J	E	T	I	J	D	S

LUCHTHAVEN
BESTEMMING
BUITENLANDER
VAKANTIE
FOTO'S
HOTEL
EILAND
VRIJE TIJD
KAART
ZEE
BERGEN
PASPOORT
STRAND
RESERVERINGEN
RESTAURANT
TAXI
TENT
VERVOER
REIS
VISUM

52 - Edifícios

O	B	S	E	R	V	A	T	O	R	I	U	M	U	U	K
T	H	E	A	T	E	R	N	F	E	B	L	Q	N	P	P
H	S	A	T	K	F	C	E	S	K	O	A	F	I	H	Z
B	O	T	G	W	V	F	T	U	Q	E	B	K	V	P	C
L	X	T	A	N	P	I	Q	T	A	R	O	K	E	P	I
Y	O	S	E	D	S	Z	Q	T	G	D	R	A	R	B	E
W	Q	O	Q	L	I	W	O	K	Z	E	A	S	S	J	N
T	I	F	H	T	P	O	Y	R	D	R	T	T	I	F	X
O	L	A	M	C	N	G	N	A	J	I	O	E	T	T	Z
R	X	B	M	U	S	E	U	M	D	J	R	E	E	X	U
E	S	R	M	Z	W	J	S	R	R	D	I	L	I	K	M
N	S	I	U	H	N	E	K	E	I	Z	U	P	T	P	K
T	N	E	M	E	T	R	A	P	P	A	M	S	D	W	F
A	U	K	N	G	C	G	X	U	G	G	A	O	T	Y	A
B	I	O	S	C	O	O	P	S	S	C	H	U	U	R	H
F	A	M	B	A	S	S	A	D	E	G	A	R	A	G	Q

APPARTEMENT
KASTEEL
SCHUUR
BIOSCOOP
AMBASSADE
SCHOOL
STADION
BOERDERIJ
FABRIEK
GARAGE
ZIEKENHUIS
HOTEL
LABORATORIUM
MUSEUM
OBSERVATORIUM
SUPERMARKT
THEATER
TENT
TOREN
UNIVERSITEIT

53 - Xadrez

W	N	P	M	B	P	A	M	W	L	V	F	M	N	K	S
L	X	Z	J	L	A	D	J	I	R	T	S	D	E	W	T
T	I	J	D	E	S	T	S	T	G	N	P	R	G	C	R
S	P	E	L	R	S	T	P	V	W	E	K	E	N	Z	A
O	S	I	B	E	I	H	E	D	O	M	P	D	I	T	T
Y	T	A	Q	N	E	Q	L	C	L	E	U	N	G	O	E
L	L	H	I	V	F	B	E	X	Z	L	N	A	A	E	G
Z	L	A	W	X	L	D	R	E	F	G	T	T	D	R	I
S	A	O	C	B	W	B	I	E	U	E	E	S	T	N	E
K	A	M	P	I	O	E	N	Z	O	R	N	N	I	O	P
G	N	I	G	N	I	N	O	K	W	F	R	E	U	O	S
X	O	Y	J	A	Q	O	B	L	A	A	F	G	G	I	F
X	G	N	I	N	O	K	F	U	I	O	R	E	D	Y	I
O	A	K	B	M	Y	G	Z	V	H	K	B	T	R	F	F
S	I	P	X	T	X	X	L	F	J	V	D	C	K	D	X
W	D	A	D	E	B	H	U	M	H	G	Z	N	T	D	X

LEREN
WIT
KAMPIOEN
WEDSTRIJD
UITDAGINGEN
DIAGONAAL
STRATEGIE
SPELER
SPEL
TEGENSTANDER
PASSIEF
PUNTEN
ZWART
KONINGIN
REGLEMENT
KONING
OFFER
TIJD
TOERNOOI

54 - Aventura

M	V	O	O	R	B	E	R	E	I	D	I	N	G	M	U
W	N	M	O	O	N	G	E	W	O	O	N	Q	J	O	I
S	C	H	O	O	N	H	E	I	D	T	R	Y	E	E	T
S	I	U	M	L	V	Z	Z	D	I	G	O	H	Z	I	D
N	Y	R	N	K	X	F	Z	F	F	Y	Y	W	T	L	A
A	B	A	T	G	E	V	A	A	R	L	I	J	K	I	G
L	C	E	N	T	H	O	U	S	I	A	S	M	E	J	I
P	T	T	V	E	R	R	A	S	S	E	N	D	L	K	N
S	N	B	I	C	M	O	E	D	V	W	P	B	T	H	G
I	H	Y	Q	V	L	O	E	I	S	R	U	C	X	E	E
E	I	T	A	G	I	V	A	N	T	Y	W	U	E	I	N
R	U	U	T	A	N	T	N	K	A	N	S	W	L	D	R
F	B	C	R	U	M	F	E	V	R	I	E	N	D	E	N
N	Z	T	B	F	B	G	N	I	M	M	E	T	S	E	B
C	Q	M	C	F	W	G	T	F	T	Z	R	X	Z	E	E
E	D	G	U	E	R	V	E	I	L	I	G	H	E	I	D

VREUGDE
VRIENDEN
ACTIVITEIT
SCHOONHEID
MOED
KANS
UITDAGINGEN
BESTEMMING
MOEILIJKHEID
ENTHOUSIASME
EXCURSIE
ONGEWOON
REISPLAN
NATUUR
NAVIGATIE
NIEUW
GEVAARLIJK
VOORBEREIDING
VEILIGHEID
VERRASSEND

55 - Floresta Tropical

I	T	T	P	L	P	N	Ë	E	I	B	I	F	M	A	Z
N	V	I	D	X	Z	T	B	Y	N	E	K	L	O	W	O
H	P	O	O	V	V	E	J	L	S	J	C	H	S	W	O
E	N	Z	G	V	F	I	A	O	E	N	O	C	M	Y	G
E	K	B	E	E	E	O	W	T	C	E	P	S	E	R	D
M	M	T	E	O	L	R	U	U	T	A	N	I	T	G	I
S	Z	I	U	H	X	S	L	A	E	K	J	N	O	E	E
F	J	E	D	B	O	X	S	E	N	E	Y	A	E	M	R
X	H	T	V	U	U	U	E	D	V	D	M	T	V	E	E
B	T	I	M	S	E	E	D	O	O	I	N	O	L	E	N
R	E	S	T	A	U	R	A	T	I	E	N	B	U	N	S
Z	S	R	J	U	N	G	L	E	X	Y	Z	G	C	S	O
A	D	E	G	W	A	A	R	D	E	V	O	L	H	C	O
A	C	V	K	L	I	M	A	A	T	G	G	W	T	H	R
Z	H	I	R	Q	W	A	X	C	T	I	R	N	H	A	T
Y	Q	D	E	L	S	F	J	D	U	L	Q	A	L	P	V

AMFIBIEËN
BOTANISCH
KLIMAAT
GEMEENSCHAP
DIVERSITEIT
SOORT
INHEEMS
INSECTEN
ZOOGDIEREN
MOS
NATUUR
WOLKEN
VOGELS
BEHOUD
TOEVLUCHT
RESPECT
RESTAURATIE
JUNGLE
OVERLEVING
WAARDEVOL

56 - Cidade

B	A	K	K	E	R	I	J	A	X	S	H	B	K	X	P
L	U	C	H	T	H	A	V	E	N	C	B	I	E	L	T
D	S	M	M	T	K	N	A	B	P	H	L	O	E	L	I
C	A	K	U	H	L	R	I	D	Q	O	Q	S	H	E	E
O	Z	D	O	A	X	Y	A	F	W	O	H	C	T	D	T
T	H	E	A	T	E	R	L	M	S	L	Y	O	O	N	I
T	L	L	L	G	C	S	J	Y	Z	T	X	O	I	A	S
T	N	A	R	U	A	T	S	E	R	N	A	P	L	H	R
M	U	S	E	U	M	L	S	A	L	O	N	D	B	K	E
X	E	N	I	U	T	N	E	R	E	I	D	E	I	E	V
C	V	F	T	K	R	A	M	R	E	P	U	S	B	O	I
B	O	H	Q	D	K	B	T	S	I	M	E	O	L	B	N
Y	X	H	L	R	B	R	F	A	V	J	Y	L	E	C	U
Z	S	G	W	C	T	W	H	G	B	F	Z	W	T	A	M
J	I	X	G	R	V	U	I	C	V	D	N	G	O	S	X
C	M	B	T	X	A	P	O	T	H	E	E	K	H	Y	T

LUCHTHAVEN
BANK
BIBLIOTHEEK
BIOSCOOP
SCHOOL
STADION
APOTHEEK
BLOEMIST
GALERIJ
HOTEL
DIERENTUIN
BOEKHANDEL
MARKT
MUSEUM
BAKKERIJ
RESTAURANT
SALON
SUPERMARKT
THEATER
UNIVERSITEIT

57 - Música

K	M	Y	U	K	G	W	F	H	Q	F	T	A	T	O	M
M	E	D	A	L	L	A	B	X	A	J	I	R	E	P	E
S	H	L	A	A	K	I	Z	U	M	R	Y	X	M	N	L
S	S	N	F	S	S	I	S	X	V	Z	M	Y	P	A	O
M	T	Z	Y	S	R	F	N	N	J	O	H	O	O	M	D
R	E	W	O	I	P	M	E	E	B	J	C	O	N	E	I
U	S	T	N	E	M	U	R	T	S	N	I	A	K	I	E
Q	R	O	O	K	B	V	E	E	U	E	Y	C	A	I	E
B	O	E	O	A	Z	T	S	Y	G	G	T	J	X	L	N
C	P	B	F	L	P	X	I	J	A	N	N	S	W	J	Z
C	E	S	O	B	P	O	V	W	M	I	A	I	R	A	I
B	R	U	R	U	O	Y	O	P	L	Z	K	Z	A	I	R
P	A	O	C	M	J	D	R	L	Y	R	I	S	C	H	I
H	C	S	I	T	Ë	O	P	R	F	R	Z	R	P	J	T
J	K	N	M	U	R	F	M	F	D	F	U	W	B	S	M
X	S	W	F	X	R	W	I	N	G	V	M	A	N	N	E

ALBUM
BALLADE
ZINGEN
ZANGER
KLASSIEK
KOOR
OPNAME
HARMONIE
IMPROVISEREN
INSTRUMENT
LYRISCH
MELODIE
MICROFOON
MUZIKAAL
MUZIKANT
OPERA
POËTISCH
RITME
TEMPO
VOCAAL

58 - Matemática

M	H	B	X	L	L	L	F	W	Y	N	W	M	K	S	S
L	W	D	V	X	E	G	B	G	P	G	M	H	E	D	O
T	S	R	E	F	J	I	C	H	O	H	M	M	O	Z	M
G	N	I	K	J	I	L	E	G	R	E	V	H	H	R	S
H	G	E	P	E	Q	F	R	A	C	T	I	E	L	E	V
U	Q	H	N	A	L	T	Q	O	E	H	U	D	E	K	P
N	E	O	K	O	L	A	A	M	I	C	E	D	E	E	A
D	Y	E	S	O	P	V	Z	T	R	E	I	V	V	N	R
O	V	K	T	V	V	X	K	R	T	R	R	O	I	K	A
S	T	R	A	A	L	G	E	E	E	D	T	L	E	U	L
H	O	E	K	E	N	T	Z	K	M	O	E	U	R	N	L
F	Q	V	V	F	U	K	N	W	O	O	M	M	K	D	E
R	E	C	H	T	H	O	E	K	E	L	M	E	A	I	L
G	P	X	V	D	F	Q	K	M	G	C	Y	J	N	G	Q
D	I	A	M	E	T	E	R	X	Y	M	S	U	T	O	C
Z	A	D	W	N	S	K	V	U	P	K	N	D	M	H	J

REKENKUNDIG
HOEKEN
OMTREK
DECIMAAL
DIAMETER
VERGELIJKING
EXPONENT
FRACTIE
GEOMETRIE
CIJFERS
PARALLEL
LOODRECHT
VEELHOEK
VIERKANT
STRAAL
RECHTHOEK
SYMMETRIE
SOM
DRIEHOEK
VOLUME

59 - Saúde e Bem Estar #1

B	R	C	Y	M	D	E	I	P	A	R	E	H	T	D	C
L	E	A	V	X	F	O	K	E	E	H	T	O	P	A	P
A	G	H	C	B	O	T	T	E	N	D	S	U	R	I	V
R	N	E	A	T	Z	R	S	R	E	O	I	D	I	U	H
Z	O	K	H	N	I	W	H	C	F	D	R	I	J	P	K
G	H	E	W	K	D	E	T	G	O	O	H	N	Q	X	E
R	E	H	F	W	W	E	F	Q	G	Y	L	G	O	V	I
E	V	W	C	H	M	T	L	M	E	D	I	C	I	J	N
F	I	R	O	W	N	M	C	I	B	R	E	U	K	P	I
L	V	I	I	O	P	M	S	U	N	P	L	X	Y	N	L
E	T	S	H	Y	N	V	M	R	F	G	C	P	Y	W	K
X	A	C	O	E	F	T	Z	E	N	U	W	E	N	Q	Z
D	O	K	T	E	R	N	E	N	O	M	R	O	H	U	Y
O	N	T	S	P	A	N	N	I	N	G	I	L	L	L	O
B	A	C	T	E	R	I	Ë	N	M	P	X	R	D	K	I
C	E	S	L	B	G	I	X	E	K	Z	E	R	P	K	Z

HOOGTE
ACTIEF
BACTERIËN
KLINIEK
DOKTER
APOTHEEK
HONGER
BREUK
GEWOONTE
HORMONEN
MEDICIJN
ZENUWEN
BOTTEN
HUID
HOUDING
REFLEX
ONTSPANNING
THERAPIE
BEHANDELING
VIRUS

60 - Imigração

C	Y	Z	I	G	N	I	R	E	I	C	N	A	N	I	F
P	O	O	V	N	E	T	N	E	M	U	C	O	D	T	N
U	I	M	E	I	T	A	U	T	I	S	E	X	W	A	H
T	C	W	M	R	E	I	C	I	F	F	O	L	F	A	B
E	C	R	B	U	W	E	T	F	X	S	G	P	A	L	R
R	S	K	K	E	N	E	N	E	S	S	A	W	L	O	V
M	E	T	L	K	S	I	O	P	L	O	S	S	I	N	G
I	C	F	R	D	P	C	C	H	I	O	H	C	Z	M	W
J	O	H	X	E	D	R	H	A	N	L	H	E	K	B	L
N	R	U	E	O	S	I	N	E	T	A	G	Q	M	D	A
L	P	L	F	G	V	S	H	D	R	I	N	G	K	R	N
M	G	P	X	I	M	N	M	S	V	M	E	Q	F	F	T
H	U	I	S	V	E	S	T	I	N	G	I	J	G	N	O
X	B	D	O	V	D	Z	O	X	N	E	Z	N	E	R	G
A	D	M	I	N	I	S	T	R	A	T	I	E	G	J	C
Z	A	A	K	I	N	D	E	R	E	N	E	F	Z	V	A

ADMINISTRATIE
VOLWASSENEN
HULP
GOEDKEURING
COMMUNICATIE
KINDEREN
DOCUMENTEN
STRESS
FINANCIERING
GRENZEN
HUISVESTING
WET
TAAL
OFFICIER
TERMIJN
PROCES
BESCHERMING
SITUATIE
OPLOSSING

61 - Natureza

Q	N	Z	M	U	U	R	E	R	Z	Z	D	U	W	D	W
L	E	E	E	P	R	K	L	R	I	H	M	P	F	Y	O
Y	E	N	J	D	S	C	Q	O	I	V	Z	H	V	N	E
T	R	O	P	I	S	C	H	M	T	L	I	D	O	A	S
W	E	G	S	R	B	E	R	O	S	I	E	E	D	M	T
O	S	E	C	U	V	G	Z	D	I	U	Z	W	R	I	I
L	O	B	H	S	I	L	T	G	M	M	U	I	G	S	J
K	B	L	O	T	T	E	M	I	Y	M	U	L	I	C	N
E	N	A	O	I	A	T	C	L	L	N	S	D	O	H	A
N	N	D	N	G	A	S	P	I	V	J	I	Y	V	C	R
F	K	E	H	H	L	J	G	E	F	O	U	W	L	S	L
N	E	R	E	I	D	E	V	H	A	T	M	I	L	I	K
P	F	T	I	K	T	R	K	T	G	X	H	M	E	T	U
Y	U	E	D	E	T	R	W	C	B	O	Y	B	U	C	M
S	C	H	U	I	L	P	L	A	A	T	S	Q	J	R	N
L	X	T	E	D	D	J	C	X	M	G	V	Z	O	A	R

BIJEN
SCHUILPLAATS
DIEREN
ARCTISCH
SCHOONHEID
WOESTIJN
DYNAMISCH
EROSIE
BOS
GEBLADERTE
GLETSJER
MIST
WOLKEN
RUSTIG
RIVIER
HEILIGDOM
WILD
SEREEN
TROPISCH
VITAAL

62 - Doença

O	G	T	A	H	H	A	I	T	Y	A	A	E	M	G	X
F	N	Q	S	Y	C	C	M	H	C	L	D	R	P	E	S
D	I	T	H	E	S	U	H	E	T	L	E	F	B	Z	Y
F	Z	T	S	B	I	U	U	R	R	E	M	E	P	O	C
Y	E	B	M	T	T	T	C	A	D	R	H	L	N	N	W
K	N	E	D	N	E	L	N	P	G	G	A	I	E	D	T
A	E	J	L	E	N	K	K	I	E	I	L	J	U	H	C
T	G	F	Y	T	E	I	I	E	G	E	I	K	R	E	H
H	P	T	Z	T	G	U	Q	N	K	Ë	N	B	O	I	R
P	V	E	W	O	N	B	U	E	G	N	G	Y	P	D	O
G	J	T	A	B	L	I	C	H	A	A	M	T	A	G	N
K	S	S	K	M	T	Z	T	H	A	R	T	H	T	P	I
F	O	G	Q	G	F	W	F	U	J	B	A	L	H	E	S
B	E	S	M	E	T	T	E	L	I	J	K	G	I	A	C
Q	Y	Y	T	V	S	Y	N	D	R	O	O	M	E	F	H
I	M	M	U	N	I	T	E	I	T	V	I	D	G	R	C

BUIK
ACUUT
ALLERGIEËN
BESMETTELIJK
HART
LICHAAM
CHRONISCH
GENEZING
ZWAK
GENETISCH
ERFELIJK
IMMUNITEIT
ONTSTEKING
LENDEN-
NEUROPATHIE
BOTTEN
ADEMHALING
GEZONDHEID
SYNDROOM
THERAPIE

63 - Aquecimento Global

O	A	P	J	U	P	U	X	A	M	E	N	S	E	N	G
S	N	E	V	E	G	E	G	A	M	D	A	A	K	C	E
A	Z	T	B	I	N	J	N	N	G	F	S	G	E	Y	V
R	V	S	W	L	U	J	I	D	F	Q	M	R	P	F	O
C	W	M	L	I	E	Y	R	A	C	R	I	S	I	S	L
T	E	O	M	M	K	H	E	C	K	Z	M	E	M	S	G
I	A	K	T	G	X	K	G	H	T	D	J	N	E	S	E
S	V	E	H	I	T	Q	E	T	H	L	O	E	I	E	N
C	R	O	H	X	T	N	R	L	I	D	Y	R	R	F	R
H	F	T	G	Q	A	S	G	N	I	V	E	G	T	E	W
P	O	P	U	L	A	T	I	E	S	N	W	I	S	D	K
L	Z	T	E	Y	M	Z	J	G	W	L	G	E	U	M	H
T	Y	W	O	J	I	C	H	J	R	V	Z	G	D	O	I
W	O	E	G	L	L	W	G	F	P	G	S	H	N	P	H
U	R	L	H	E	K	N	U	B	C	Y	V	H	I	K	U
Y	G	E	N	E	R	A	T	I	E	S	H	A	H	D	J

NU
MILIEU
AANDACHT
ARCTISCH
KLIMAAT
GEVOLGEN
CRISIS
GEGEVENS
ONTWIKKELING

ENERGIE
TOEKOMST
GAS
GENERATIES
REGERING
MENSEN
INDUSTRIE
WETGEVING
POPULATIES

64 - Aviões

S	I	N	E	D	E	I	H	C	S	E	G	T	J	H	M
N	S	C	M	R	W	U	O	B	I	G	M	P	E	E	Z
D	A	O	B	C	Y	J	O	R	M	N	C	H	I	M	Y
L	A	V	Q	F	S	N	G	D	B	I	D	N	C	E	P
K	T	F	I	S	L	I	T	O	O	L	I	P	S	L	S
R	M	Z	Q	G	G	R	E	I	G	A	S	S	A	P	A
F	O	T	S	R	E	T	A	W	N	D	B	O	F	E	T
A	I	I	C	E	G	R	O	R	I	F	R	P	Y	A	M
B	V	M	S	S	Z	F	E	G	N	A	A	B	J	R	O
T	A	O	L	T	J	F	X	N	N	F	N	L	L	Y	S
X	G	L	N	S	R	V	Q	I	A	K	D	A	W	V	F
N	M	H	L	T	E	B	O	T	M	Y	S	Z	E	F	E
K	T	G	O	O	U	U	G	H	E	X	T	E	W	R	E
H	A	N	V	P	N	U	N	C	B	M	O	N	O	T	R
L	U	C	H	T	F	S	R	I	Z	M	F	M	F	U	B
L	A	N	D	E	N	D	Z	R	Y	M	O	T	O	R	E

HOOGTE
LUCHT
LANDEN
ATMOSFEER
AVONTUUR
BALLON
HEMEL
BRANDSTOF
BOUW
AFDALING
RICHTING
WATERSTOF
GESCHIEDENIS
OPBLAZEN
MOTOR
NAVIGEREN
PASSAGIER
PILOOT
BEMANNING

65 - Tipos de Cabelo

A	K	H	G	E	H	Z	H	S	G	S	D	X	V	G	G
S	T	W	L	H	B	B	G	X	C	Q	N	I	M	O	R
D	A	D	O	Z	O	L	T	M	F	J	E	I	K	L	I
F	L	N	Y	F	Z	W	A	R	T	I	L	E	V	V	J
X	B	D	G	E	K	L	E	U	R	D	L	K	L	E	S
Z	A	C	H	T	D	U	N	C	S	N	U	F	E	N	G
I	G	R	H	W	L	T	E	D	P	O	R	U	C	D	E
D	N	E	M	M	I	L	G	H	R	L	K	B	H	F	V
U	X	V	Z	X	Z	Z	U	O	M	B	G	R	T	F	L
F	C	L	S	O	W	J	F	A	O	F	A	U	E	W	O
B	T	I	C	D	N	E	L	L	U	R	K	I	N	I	C
P	L	Z	W	G	L	D	A	W	I	T	D	N	H	X	H
Y	D	A	B	M	Q	G	A	L	D	J	L	A	N	G	T
Q	A	M	B	V	Y	M	K	N	H	H	O	U	X	U	E
O	N	J	D	K	Q	U	Q	P	Z	I	A	U	R	D	N
C	K	R	K	O	I	A	K	U	V	W	H	V	I	Q	K

WIT
GLIMMEND
KRULLEN
KAAL
GRIJS
GEKLEURD
KRULLEND
DUN
DIK
BLOND
LANG
BRUIN
GOLVEND
ZILVER
ZWART
GEZOND
DROOG
ZACHT
GEVLOCHTEN
VLECHTEN

66 - Criatividade

M	J	I	B	B	T	G	N	N	K	X	K	A	I	E	V
M	O	Q	N	W	E	M	O	D	D	Z	D	I	N	C	A
I	F	E	I	T	N	E	V	N	I	B	I	P	S	H	A
S	N	A	O	Z	E	R	L	E	O	V	E	G	P	T	R
P	S	D	R	U	R	N	L	D	Q	U	H	Q	I	H	D
O	N	U	R	X	L	E	S	H	U	G	R	Z	R	E	I
N	E	W	M	U	C	M	Y	I	Z	B	A	Z	A	I	G
T	L	G	M	C	K	O	P	P	T	H	A	N	T	D	H
A	E	I	T	Ï	U	T	N	I	Z	E	B	B	I	B	E
A	O	N	W	A	A	I	S	G	G	A	I	S	E	O	I
N	V	M	J	L	E	E	J	Y	A	R	E	T	I	M	D
T	E	F	B	H	J	S	V	I	S	I	O	E	N	E	N
N	G	M	P	O	V	E	R	B	E	E	L	D	I	N	G
H	E	L	D	E	R	H	E	I	D	E	V	G	F	D	V
A	R	T	I	S	T	I	E	K	C	Q	G	Z	V	U	B
D	R	A	M	A	T	I	S	C	H	Y	M	W	G	F	O

ARTISTIEK
ECHTHEID
HELDERHEID
DRAMATISCH
EMOTIES
SPONTAAN
VLOEIBAARHEID
VAARDIGHEID
BEELD

VERBEELDING
INDRUK
INSPIRATIE
INTENSITEIT
INTUÏTIE
INVENTIEF
GEVOEL
GEVOELENS
VISIOENEN

67 - Dias e Meses

G	A	D	S	N	I	D	B	N	P	A	N	I	Q	Q	W
V	P	S	E	P	T	E	M	B	E	R	V	Z	H	S	I
G	R	E	B	O	T	K	O	B	J	K	R	W	M	D	M
E	I	D	O	N	D	E	R	D	A	G	I	L	U	J	X
D	L	R	E	B	M	E	V	O	N	O	J	D	U	R	B
A	E	V	A	A	R	W	D	X	G	A	D	N	A	A	M
U	M	C	M	U	Y	W	J	J	H	P	A	Q	A	I	X
G	F	I	E	V	N	B	B	U	M	N	G	M	X	R	R
U	E	D	V	M	V	A	R	N	P	Z	A	N	L	A	D
S	G	V	D	X	B	L	J	I	Z	M	D	S	A	U	B
T	K	X	S	M	M	E	K	A	L	E	N	D	E	R	I
U	D	R	M	Y	V	W	R	C	Q	M	O	N	I	B	I
S	D	N	X	C	U	B	N	J	M	E	Z	D	G	E	J
I	U	R	D	I	M	Q	Z	Y	E	J	D	I	U	F	A
P	F	T	S	L	E	U	V	A	G	D	E	E	T	Z	A
D	F	P	Z	O	W	Z	A	T	E	R	D	A	G	H	R

APRIL
AUGUSTUS
JAAR
KALENDER
DECEMBER
ZONDAG
FEBRUARI
JANUARI
JULI
JUNI
MAAND
NOVEMBER
OKTOBER
DONDERDAG
ZATERDAG
MAANDAG
WEEK
SEPTEMBER
VRIJDAG
DINSDAG

68 - Saúde e Bem Estar #2

H	W	C	C	J	N	L	A	V	L	M	M	W	K	D	G
L	N	P	I	Z	K	Q	L	Q	Z	D	A	B	T	E	E
E	X	S	P	T	K	P	L	B	Z	P	S	T	Z	H	Y
Y	L	X	C	F	Q	V	E	D	B	J	S	L	I	Y	K
A	Y	S	P	W	S	L	R	I	E	G	A	X	E	D	S
H	Y	G	I	Ë	N	E	G	E	E	U	G	G	K	R	M
G	E	W	I	C	H	T	I	E	V	H	E	Y	E	A	V
H	U	M	E	U	R	L	E	T	S	R	E	H	N	T	J
T	D	E	O	L	B	E	E	Q	E	L	A	X	H	I	A
S	M	E	I	T	C	E	F	N	I	N	O	B	U	E	G
O	E	N	I	M	A	T	I	V	R	S	E	B	I	S	X
G	Z	E	T	D	O	Q	R	B	O	K	B	R	S	D	J
Z	I	E	K	T	E	T	S	U	L	T	E	E	G	U	S
G	E	N	E	T	I	C	A	G	A	Z	I	F	O	I	S
G	E	Z	O	N	D	O	U	N	C	L	G	L	P	K	E
L	I	C	H	A	A	M	I	G	A	A	C	Z	L	S	P

ALLERGIE
ANATOMIE
EETLUST
CALORIE
LICHAAM
DEHYDRATIE
DIEET
ZIEKTE
ENERGIE
GENETICA
HYGIËNE
ZIEKENHUIS
HUMEUR
INFECTIE
MASSAGE
GEWICHT
HERSTEL
BLOED
GEZOND
VITAMINE

69 - Geografia

M	E	R	I	D	I	A	A	N	W	Q	A	U	Y	L	R
A	E	E	R	N	N	U	T	N	E	N	I	T	N	O	C
T	C	I	F	O	B	E	O	E	R	J	P	N	E	P	B
L	T	L	E	R	L	D	K	T	E	O	B	E	K	X	R
A	P	A	T	F	O	S	S	S	L	W	S	D	V	N	E
S	O	N	B	L	F	X	G	E	D	A	T	S	W	O	E
M	C	D	N	A	L	I	C	W	Z	O	F	R	C	W	D
R	V	O	X	H	X	Q	I	B	N	E	Q	I	Z	L	T
X	K	N	F	K	F	R	L	O	N	U	E	X	H	A	E
B	I	E	I	T	Y	O	I	K	P	D	J	R	R	Z	G
N	E	D	I	U	Z	E	B	V	O	C	E	A	A	N	R
O	T	R	A	A	K	M	R	D	I	G	G	F	L	I	A
Z	G	O	G	K	B	A	U	R	G	E	R	O	E	V	A
X	O	O	J	Z	A	S	U	W	E	F	R	P	Z	S	D
Z	O	N	X	A	R	Q	R	A	R	V	R	Z	E	D	Q
K	H	G	R	O	N	D	G	E	B	I	E	D	L	K	K

HOOGTE
ATLAS
STAD
CONTINENT
HALFROND
EILAND
BREEDTEGRAAD
KAART
ZEE
MERIDIAAN

BERG
WERELD
NOORDEN
OCEAAN
WESTEN
LAND
REGIO
RIVIER
ZUIDEN
GRONDGEBIED

70 - Antártica

I	V	R	X	K	S	R	E	J	S	T	E	L	G	M	R
T	D	X	F	H	D	K	H	D	K	E	W	X	C	I	O
W	P	I	N	G	U	Ï	N	N	T	M	A	O	O	N	T
U	G	A	U	Q	H	V	S	A	L	P	L	Z	N	E	S
W	M	A	M	N	W	R	V	L	A	E	V	S	T	R	A
N	K	B	W	A	M	C	K	I	L	R	I	E	I	A	C
G	E	O	G	R	A	F	I	E	B	A	S	X	N	L	H
O	Q	D	H	E	H	P	L	R	E	T	S	P	E	E	T
P	M	P	N	T	N	V	V	E	H	U	E	E	N	N	I
R	S	G	P	A	I	J	S	I	O	U	N	D	T	F	G
C	I	O	E	W	L	V	R	H	U	R	L	I	E	W	O
S	C	J	Z	V	M	I	K	C	D	N	H	T	R	O	O
R	C	Q	A	F	I	Y	E	S	M	S	G	I	T	Y	Z
B	S	I	Z	Z	C	N	R	N	F	D	Q	E	B	N	D
J	A	T	J	O	Q	Z	G	M	I	G	R	A	T	I	E
O	N	D	E	R	Z	O	E	K	E	R	L	B	Q	I	O

OMGEVING
WATER
BAAI
WALVISSEN
BEHOUD
CONTINENT
INHAM
EXPEDITIE
GLETSJERS
IJS
GEOGRAFIE
EILANDEN
ONDERZOEKER
MIGRATIE
MINERALEN
SCHIEREILAND
PINGUÏN
ROTSACHTIG
TEMPERATUUR

71 - Flores

P	D	G	U	S	A	I	L	O	N	G	A	M	F	Q	Z
K	I	V	I	P	I	J	A	S	M	I	J	N	M	O	F
T	P	O	R	Y	N	M	P	F	A	G	X	M	M	R	R
X	R	W	E	L	E	L	I	E	W	A	U	F	O	C	D
X	F	I	V	N	D	M	O	R	C	S	X	A	N	H	A
P	J	E	A	T	R	L	O	P	P	N	R	G	P	I	L
G	M	B	L	E	A	O	Y	L	A	R	O	O	S	D	B
I	D	V	K	S	G	N	O	D	P	G	Z	M	E	E	M
G	G	Q	W	I	U	B	O	S	A	Y	Y	X	S	E	E
T	U	K	T	C	C	C	U	A	V	M	B	T	G	E	O
Z	U	Z	H	R	H	B	S	L	E	D	N	E	V	A	L
N	B	L	Z	A	Q	F	A	I	R	E	M	U	L	P	B
E	R	J	P	N	M	E	O	L	B	E	N	N	O	Z	B
B	O	E	K	E	T	E	J	F	E	I	L	E	D	A	M
P	A	A	R	D	E	B	L	O	E	M	H	C	U	B	L
I	O	U	N	H	L	V	R	C	B	H	T	T	D	K	T

BOEKET
PAARDEBLOEM
GARDENIA
ZONNEBLOEM
HIBISCUS
JASMIJN
LAVENDEL
LILA
LELIE
MAGNOLIA
MADELIEFJE
NARCIS
ORCHIDEE
PAPAVER
PIOENROOS
BLOEMBLAD
PLUMERIA
ROOS
KLAVER
TULP

72 - Fazenda #1

R	L	Y	S	M	C	E	K	Q	C	Q	Y	G	Z	X	Y
M	B	V	G	T	X	F	N	Y	A	K	J	X	I	X	C
U	B	T	J	S	J	G	F	U	X	S	R	U	O	A	E
V	Z	C	V	E	Z	E	L	A	B	Q	X	G	K	D	E
V	Q	J	K	M	S	C	A	K	K	I	A	Q	M	H	H
E	O	K	I	A	A	R	K	T	I	M	S	H	L	E	K
L	V	N	P	B	U	F	T	S	J	I	R	E	T	A	W
D	N	W	W	T	D	V	A	R	K	E	N	D	T	J	F
Z	K	S	L	I	Y	M	K	T	I	E	G	D	T	S	L
L	A	N	D	B	O	U	W	A	Y	O	H	U	R	X	A
W	Z	H	R	M	H	N	A	H	O	N	D	K	P	J	K
U	O	D	A	H	C	O	D	Y	D	O	L	F	S	O	N
S	R	T	A	O	D	N	N	J	I	A	J	U	R	L	G
H	B	Z	P	Y	W	R	B	I	K	W	G	D	I	I	N
A	U	H	O	O	I	T	H	C	N	B	X	Y	M	P	J
N	B	S	L	U	J	O	Z	M	A	G	K	J	X	J	P

BIJ
LANDBOUW
RIJST
WATER
KALF
EZEL
GEIT
VELD
PAARD
HOND

HEK
KRAAI
HOOI
MEST
KIP
KAT
HONING
VARKEN
KUDDE
KOE

73 - Livros

J	E	R	D	M	K	X	E	B	N	A	Z	A	N	A	G
Q	X	Y	E	I	T	C	E	L	L	O	C	U	D	M	E
A	R	L	N	B	X	C	C	A	U	A	X	T	J	C	S
R	N	E	R	S	I	E	R	D	F	U	U	E	Q	V	C
Z	S	N	Q	B	B	E	S	Z	R	O	R	U	T	E	H
P	O	Ë	Z	I	E	P	E	I	H	O	I	R	X	R	R
H	V	L	R	W	B	I	R	J	H	K	M	S	E	H	E
I	X	F	M	L	Q	S	I	D	H	Q	J	A	T	A	V
S	L	E	R	T	J	C	E	E	P	Y	E	L	N	A	E
T	X	I	B	N	T	H	C	I	D	E	G	G	O	L	N
O	N	T	O	A	T	R	A	G	I	S	C	H	C	T	K
R	G	N	A	V	O	N	T	U	U	R	M	N	S	E	E
I	R	E	Z	E	L	I	T	E	R	A	I	R	G	Q	J
S	U	V	U	L	I	M	J	N	R	Y	C	N	V	F	C
C	Z	N	C	E	D	U	A	L	I	T	E	I	T	G	X
H	S	I	O	R	E	L	L	E	T	R	E	V	X	V	A

AUTEUR
AVONTUUR
COLLECTIE
CONTEXT
DUALITEIT
GESCHREVEN
EPISCH
VERHAAL
HISTORISCH
INVENTIEF

LEZER
LITERAIR
VERTELLER
BLADZIJDE
GEDICHT
POËZIE
RELEVANT
ROMAN
SERIE
TRAGISCH

74 - Chocolate

U	K	I	Z	P	P	F	H	J	I	U	B	C	J	K	S
Y	G	A	M	I	I	O	T	I	U	P	Z	A	O	O	M
Z	X	G	S	P	U	R	E	T	T	I	B	L	C	K	A
K	A	R	A	M	E	L	O	D	D	Z	J	O	A	O	A
S	A	G	L	S	L	Q	Z	Q	E	H	D	R	C	S	K
D	G	R	S	J	V	K	P	P	U	R	X	I	A	N	A
A	S	I	O	N	Z	S	M	X	N	E	T	E	O	O	N
W	M	V	T	M	L	Z	O	E	M	K	P	Ë	Q	O	T
H	T	H	O	I	A	I	O	E	J	I	E	N	K	T	I
C	E	I	T	W	P	E	Q	Q	S	U	C	F	E	N	O
S	I	E	V	J	Q	R	C	K	V	S	E	P	B	P	X
I	R	Q	R	U	T	N	Ë	I	D	E	R	G	N	I	I
T	O	T	X	L	A	A	N	A	S	I	T	R	A	N	D
O	V	X	R	T	I	E	T	I	L	A	W	K	Z	D	A
X	A	C	J	Z	Y	J	X	L	G	B	V	V	N	A	N
E	F	T	E	I	C	A	K	H	J	I	V	H	P	S	T

SUIKER
BITTER
PINDA'S
ANTIOXIDANT
AROMA
ARTISANAAL
CACAO
CALORIEËN
KARAMEL
KOKOSNOOT
ETEN
HEERLIJK
ZOET
EXOTISCH
FAVORIET
SMAAK
INGREDIËNT
POEDER
KWALITEIT
RECEPT

75 - Governo

G	E	R	E	C	H	T	I	G	H	E	I	D	V	P	U
P	O	L	I	T	I	E	K	S	Y	M	B	O	O	L	P
J	X	R	T	U	M	X	S	D	E	M	B	Q	S	T	V
L	E	I	D	E	R	Q	B	R	I	T	Q	G	H	Y	H
G	Z	I	M	U	C	G	K	Z	T	D	W	N	N	I	F
T	E	G	E	L	I	J	K	H	E	I	D	A	Z	S	N
O	G	R	B	K	D	W	J	Z	F	P	R	T	E	W	D
E	R	W	E	Q	S	K	I	J	R	Y	E	I	E	B	I
S	O	F	K	C	J	V	W	U	V	I	B	E	S	B	S
P	N	S	P	A	H	C	S	R	E	G	R	U	B	M	C
R	D	S	M	D	S	T	N	E	M	U	N	O	M	R	U
A	W	V	K	R	W	A	E	M	Q	R	P	L	U	U	S
A	E	S	T	A	A	T	L	L	E	I	V	I	C	S	S
K	T	P	I	L	A	A	N	O	I	T	A	N	Z	T	I
D	E	M	O	C	R	A	T	I	E	J	V	X	R	I	E
V	R	I	J	H	E	I	D	C	P	L	K	K	S	G	P

BURGERSCHAP
CIVIEL
GRONDWET
DEMOCRATIE
TOESPRAAK
DISCUSSIE
WIJK
STAAT
GELIJKHEID
GERECHTELIJK
GERECHTIGHEID
WET
VRIJHEID
LEIDER
MONUMENT
NATIONAAL
NATIE
RUSTIG
POLITIEK
SYMBOOL

76 - Jardinagem

M	H	C	S	I	N	A	T	O	B	W	A	T	E	R	A
L	W	O	C	D	E	B	B	K	L	I	M	A	A	T	Q
B	N	M	E	D	O	B	L	O	R	B	P	X	A	Q	W
O	A	P	D	M	R	G	X	O	O	T	E	J	N	S	G
E	Q	O	S	Y	E	M	B	Y	E	M	Y	E	L	O	Q
K	M	S	U	H	S	S	L	V	O	M	G	P	I	C	G
E	E	T	H	C	O	V	O	T	G	E	E	A	X	N	R
T	X	N	X	L	O	Q	E	L	A	Z	H	N	A	E	C
A	T	W	T	R	R	D	S	Q	L	I	R	Y	S	R	B
M	D	Q	W	B	T	M	E	S	L	A	N	G	A	P	D
D	S	K	E	V	U	P	M	E	X	O	T	I	S	C	H
P	T	B	U	U	U	G	E	B	L	A	D	E	R	T	E
H	M	I	X	F	T	I	W	T	E	P	M	Q	C	Z	H
R	H	L	M	B	V	E	L	U	H	S	D	Z	L	V	O
C	O	N	T	A	I	N	E	R	A	A	B	T	E	E	S
B	L	A	D	O	O	E	T	Z	A	D	E	N	I	I	S

WATER
BOTANISCH
BOEKET
KLIMAAT
EETBAAR
COMPOST
SOORT
EXOTISCH
BLOESEM
BLOEMEN
BLAD
GEBLADERTE
SLANG
BOOMGAARD
CONTAINER
ZADEN
BODEM
VUIL
VOCHT

77 - Profissões #2

F	V	V	F	D	D	L	H	M	F	J	G	U	U	J	O
O	P	O	T	T	E	I	U	Q	J	D	V	O	I	O	D
T	L	S	G	Q	T	N	Q	R	Z	X	V	F	T	U	O
O	A	J	O	M	E	G	R	U	R	I	H	C	V	R	B
G	S	N	O	H	C	U	X	H	Q	O	L	L	I	N	D
R	T	P	L	M	T	Ï	K	S	T	R	A	D	N	A	T
A	R	E	O	B	I	S	M	D	F	X	E	O	D	L	S
A	O	H	I	L	V	T	O	S	K	S	D	Y	E	I	C
F	N	X	B	F	E	N	O	Z	Q	S	N	L	R	S	H
U	A	O	N	D	E	R	Z	O	E	K	E	R	L	T	I
R	U	E	I	N	E	G	N	I	L	K	A	P	E	S	L
H	T	T	U	I	N	M	A	N	A	I	A	Y	R	T	D
F	I	L	O	S	O	O	F	E	R	O	P	U	A	C	E
Z	O	Ö	L	O	O	G	R	T	T	K	G	A	A	M	R
L	J	Z	E	N	Q	C	W	F	S	E	O	R	R	U	Z
L	J	G	I	L	L	U	S	T	R	A	T	O	R	X	Y

BOER
ASTRONAUT
BIOLOOG
CHIRURG
TANDARTS
DETECTIVE
INGENIEUR
FILOSOOF
FOTOGRAAF
ILLUSTRATOR
UITVINDER
ONDERZOEKER
TUINMAN
JOURNALIST
LINGUÏST
ARTS
PILOOT
SCHILDER
LERAAR
ZOÖLOOG

78 - Café

K	M	O	S	A	J	G	E	Q	S	Q	W	U	Q	B	N
F	I	L	T	E	R	N	E	H	Z	H	T	F	P	E	C
V	G	M	T	B	E	O	S	R	U	U	U	N	Z	K	P
L	D	B	N	V	T	R	U	E	O	S	C	C	O	E	R
O	R	X	Q	V	T	P	H	T	Q	O	U	K	K	R	I
E	A	N	M	A	I	S	T	A	E	A	S	I	H	N	J
I	N	H	A	T	B	R	R	W	O	Q	G	T	K	T	S
S	K	B	L	C	H	O	M	V	T	M	M	R	E	E	J
T	L	O	E	K	B	O	J	J	I	Z	V	A	S	R	R
O	E	L	N	C	A	F	E	Ï	N	E	C	W	Z	C	D
F	M	O	O	R	S	A	L	H	O	Y	B	Z	Q	P	F
A	R	O	M	A	C	T	M	H	S	H	Y	O	V	J	V
Q	I	E	N	J	E	O	M	S	G	X	J	A	Y	U	C
Z	B	Q	L	K	V	A	R	I	Ë	T	E	I	T	L	M
Q	X	G	R	P	K	O	Q	H	N	F	Y	Z	X	P	E
U	H	K	V	R	R	O	C	H	T	E	N	D	A	A	V

SUIKER
BITTER
AROMA
GEROOSTERD
WATER
DRANK
CAFEÏNE
BEKER
ROOM
FILTER
MELK
VLOEISTOF
OCHTEND
MALEN
OORSPRONG
PRIJS
ZWART
SMAAK
VARIËTEIT

79 - Negócios

B	T	J	V	H	A	N	D	E	L	S	W	A	A	R	I
E	I	M	O	N	O	C	E	K	A	N	T	O	O	R	N
L	D	E	L	K	U	O	X	C	R	W	F	D	X	D	K
A	T	U	L	A	V	A	I	J	S	O	G	F	G	W	O
S	P	I	N	V	E	S	T	E	R	I	N	G	E	T	M
T	K	O	R	T	I	N	G	L	G	S	T	K	L	G	E
I	F	A	B	R	I	E	K	Y	K	H	S	F	D	N	N
N	E	T	S	O	K	T	A	Z	K	K	N	X	M	T	Q
G	B	E	G	R	O	T	I	N	G	W	I	N	K	E	L
E	F	H	R	E	M	E	N	K	R	E	W	D	Q	O	J
N	Z	F	A	È	W	E	R	K	G	E	V	E	R	B	E
R	J	Y	F	J	I	R	D	E	B	S	L	I	I	U	H
B	H	R	U	S	B	R	V	E	R	K	O	O	P	A	M
D	M	U	M	U	J	D	R	L	T	G	Z	B	U	T	E
A	L	C	P	I	P	L	I	A	J	G	L	D	P	T	F
F	I	N	A	N	C	I	Ë	N	C	N	K	J	S	M	U

CARRIÈRE
KOSTEN
KORTING
GELD
ECONOMIE
WERKNEMER
WERKGEVER
BEDRIJF
KANTOOR
FABRIEK
FINANCIËN
BELASTINGEN
INVESTERING
WINKEL
WINST
HANDELSWAAR
VALUTA
BEGROTING
INKOMEN
VERKOOP

80 - Fazenda #2

K	T	Y	H	A	T	W	H	T	H	U	U	S	B	K	Z
U	R	L	L	E	O	C	M	G	L	F	L	C	B	A	L
M	V	R	I	T	R	E	P	T	B	O	K	H	K	U	V
E	H	B	Z	N	M	D	I	P	Z	A	D	A	W	W	K
T	P	O	O	E	H	C	E	N	O	W	Z	A	J	P	P
G	E	O	X	O	W	K	U	R	R	N	X	P	Y	C	I
W	S	M	H	R	T	I	G	J	B	G	Y	T	Q	B	X
G	F	G	S	G	Q	B	I	J	E	N	K	O	R	F	P
B	V	A	S	U	T	Y	N	I	J	F	R	R	M	E	M
S	W	A	D	Y	F	R	U	U	H	C	S	Ï	A	M	S
M	N	R	G	K	R	E	A	A	Z	U	U	T	M	X	P
P	E	D	T	D	U	O	F	C	Q	G	G	X	A	E	G
D	R	L	Z	S	I	B	U	P	T	A	F	Q	L	C	E
N	E	K	K	G	T	Z	U	J	Z	O	V	M	T	X	R
E	I	T	A	G	I	R	R	I	E	W	R	A	T	A	S
E	D	I	E	W	R	C	B	R	M	F	Q	L	J	B	T

BOER
DIEREN
SCHUUR
GERST
BIJENKORF
LAM
FRUIT
IRRIGATIE
MELK
LAMA
RIJP
MAÏS
SCHAAP
HERDER
EEND
BOOMGAARD
WEIDE
TRACTOR
TARWE
GROENTE

81 - Jardim

S	B	F	U	D	H	K	J	V	A	V	J	I	G	B	Y
V	T	A	D	N	A	R	E	V	Z	D	H	N	E	O	O
S	A	R	N	Z	I	A	L	X	V	Z	W	Y	T	O	Z
P	M	E	U	K	E	H	K	E	E	S	C	I	X	M	F
K	G	V	R	I	Y	T	R	A	C	Y	V	P	H	G	M
W	N	J	Z	B	K	I	R	J	G	A	Z	O	N	A	J
U	A	I	T	G	M	Y	B	A	T	C	Y	H	F	A	R
O	H	V	X	P	B	P	H	G	M	R	N	C	V	R	X
W	I	J	N	S	T	O	K	A	O	P	W	S	G	D	Y
K	U	K	M	E	D	O	B	R	O	L	O	R	Q	Z	T
B	B	T	E	R	R	A	S	A	B	F	Q	L	S	L	Y
F	M	Z	O	B	V	O	K	G	E	S	V	F	I	N	N
C	U	G	L	F	Q	H	U	E	A	L	E	V	B	N	U
Y	X	K	B	G	R	A	S	E	D	A	H	H	J	F	E
H	S	Z	T	M	B	E	A	D	T	N	I	U	T	J	X
G	J	R	F	G	Z	D	Z	L	U	G	O	F	I	S	E

HARK
STRUIK
BOOM
BANK
HEK
BLOEM
GARAGE
GRAS
GAZON
TUIN
VIJVER
HANGMAT
SLANG
SCHOP
BOOMGAARD
BODEM
TERRAS
TRAMPOLINE
VERANDA
WIJNSTOK

82 - Oceano

K	G	P	Q	X	K	I	S	X	F	T	A	C	I	H	H
F	O	S	J	A	K	R	A	B	H	O	O	L	C	X	I
I	K	R	J	D	W	J	L	A	A	N	R	A	G	U	M
R	W	A	A	D	N	W	G	L	X	I	A	A	H	E	E
X	O	A	L	A	K	W	A	L	G	J	P	C	W	Z	N
W	U	L	C	P	L	Q	U	X	H	N	W	I	B	H	J
V	U	V	U	D	N	N	W	K	S	O	N	C	O	W	I
E	X	Z	F	L	E	D	Q	B	P	J	C	D	O	Y	F
J	A	U	U	I	D	S	B	K	O	L	I	H	T	E	L
A	E	M	O	H	J	Z	R	J	R	P	J	A	D	I	O
I	Y	N	D	C	I	P	J	O	T	V	K	X	R	C	D
D	Q	K	I	S	T	N	T	T	B	L	J	P	O	S	Q
A	U	E	I	I	E	O	O	E	S	T	E	R	W	D	G
G	O	A	U	V	G	P	P	F	B	R	A	J	K	Y	F
F	J	I	V	Z	O	U	T	U	S	P	O	N	S	R	Y
S	T	O	R	M	R	I	F	N	S	I	V	L	A	W	O

ALGEN
TONIJN
WALVIS
BOOT
GARNAAL
KRAB
KORAAL
AAL
SPONS
DOLFIJN

GETIJDEN
KWAL
OESTER
VIS
OCTOPUS
RIF
ZOUT
SCHILDPAD
STORM
HAAI

83 - Profissões #1

N	B	B	J	U	W	E	L	I	E	R	W	M	M	P	D
Y	G	E	Z	M	A	M	H	V	H	P	E	A	U	S	I
F	I	V	F	I	U	H	A	R	C	M	T	T	Z	Y	E
A	M	B	A	S	S	A	D	E	U	R	E	R	I	C	R
A	Z	O	Z	V	O	Z	A	T	D	P	N	O	K	H	E
R	J	D	A	H	A	I	X	E	Z	I	S	O	A	O	N
G	E	D	A	N	S	E	R	I	P	A	C	S	N	L	A
O	R	G	E	O	L	O	O	G	V	N	H	X	T	O	R
T	R	J	A	X	D	W	T	D	D	I	A	F	S	O	T
R	S	B	A	J	T	K	I	O	R	S	P	V	E	G	S
A	S	E	W	C	V	N	D	O	A	T	P	J	I	O	L
C	R	E	T	S	G	E	E	L	P	R	E	V	T	H	F
I	N	A	M	R	E	E	W	D	N	A	R	B	R	C	Y
A	S	T	R	O	N	O	O	M	K	N	T	F	A	T	Y
C	W	P	N	I	B	A	N	K	I	E	R	C	B	C	J
B	J	I	Z	S	W	I	K	A	D	V	O	C	A	A	T

ADVOCAAT
ARTIEST
ASTRONOOM
BANKIER
BRANDWEERMAN
JAGER
CARTOGRAAF
WETENSCHAPPER
DANSER
EDITOR
AMBASSADEUR
LOODGIETER
VERPLEEGSTER
GEOLOOG
JUWELIER
MATROOS
MUZIKANT
PIANIST
PSYCHOLOOG
DIERENARTS

84 - Força e Gravidade

I	S	G	N	I	K	K	E	D	T	N	O	H	T	G	H
H	S	N	E	T	E	N	A	L	P	Q	G	J	T	B	G
D	J	I	M	W	C	E	N	T	R	U	M	J	A	A	E
P	X	D	M	D	I	E	H	L	E	N	S	G	C	A	B
N	K	I	O	J	T	C	A	P	M	I	H	N	I	N	P
O	N	E	D	I	E	K	H	C	S	I	M	A	N	Y	D
R	A	R	N	T	V	X	Y	T	M	O	W	V	A	M	K
A	T	B	E	M	S	I	T	E	N	G	A	M	H	Q	V
M	U	T	G	C	A	R	Q	X	D	C	T	O	C	O	T
A	U	I	I	W	R	I	J	V	I	N	G	X	E	I	E
S	R	U	E	D	Y	Z	T	V	B	N	K	T	M	R	C
U	K	H	N	Z	K	D	J	K	I	O	N	N	Z	D	N
I	U	U	I	I	O	T	A	W	T	I	F	N	V	F	D
J	N	A	R	A	F	S	T	A	N	D	X	L	P	K	B
T	D	E	Z	D	V	M	O	A	S	I	D	A	G	J	M
L	E	E	S	R	E	V	I	N	U	K	I	N	M	C	X

WRIJVING
CENTRUM
ONTDEKKING
DYNAMISCH
AFSTAND
AS
UITBREIDING
NATUURKUNDE
IMPACT
MAGNETISME
OMVANG
MECHANICA
BAAN
GEWICHT
PLANETEN
DRUK
EIGENDOMMEN
SNELHEID
TIJD
UNIVERSEEL

85 - Abelhas

J	R	K	O	N	I	N	G	I	N	R	X	R	H	T	E
R	Q	D	Z	T	A	S	T	U	I	F	M	E	E	L	C
T	Y	W	I	U	G	W	K	T	N	U	K	W	M	D	O
I	E	U	U	R	X	Z	E	U	D	J	C	V	X	E	S
E	D	D	O	F	G	P	N	O	G	S	U	Q	N	G	Y
T	N	L	T	M	E	T	K	Q	Z	O	M	I	Y	E	S
I	J	E	K	R	P	O	O	B	N	F	A	G	Y	A	T
S	B	I	M	E	S	E	O	L	B	X	T	S	T	I	E
R	L	O	X	W	H	F	R	O	K	N	E	J	I	B	E
E	L	E	P	Z	Z	U	Z	E	C	G	Q	P	F	E	M
V	Z	S	G	Y	R	D	E	M	N	I	N	S	E	C	T
I	M	O	T	U	I	N	Y	E	M	V	R	I	Q	D	L
D	O	C	N	V	E	Z	P	N	S	I	B	Q	N	W	V
Z	R	G	F	R	F	L	O	W	W	A	S	O	B	O	D
J	F	R	U	I	T	N	V	P	L	A	N	T	E	N	H
H	A	B	I	T	A	T	V	O	O	R	D	E	L	I	G

VLEUGELS
VOORDELIG
WAS
BIJENKORF
DIVERSITEIT
ECOSYSTEEM
ZWERM
BLOESEM
BLOEMEN
FRUIT
ROOK
HABITAT
INSECT
TUIN
HONING
PLANTEN
STUIFMEEL
KONINGIN
ZON

86 - Ciência

H	M	O	O	T	A	N	U	U	D	J	N	O	L	E	K
M	Y	I	M	T	A	O	O	N	E	T	N	A	L	P	V
E	Q	P	N	N	E	L	U	C	E	L	O	M	U	V	I
T	F	S	O	E	W	C	F	U	L	E	I	S	S	O	F
H	A	T	D	T	R	M	C	S	T	A	A	M	I	L	K
O	R	Y	W	I	H	A	G	F	J	S	R	Q	E	K	R
D	R	W	M	E	Z	E	L	I	E	L	W	U	V	K	U
E	I	Z	O	F	L	Z	S	E	S	C	R	S	T	Y	V
U	U	I	Y	T	G	P	B	E	N	P	E	X	G	E	R
N	A	T	U	U	R	E	I	T	A	V	R	E	S	B	O
P	S	F	Y	H	J	G	G	C	H	E	M	I	S	C	H
E	V	O	L	U	T	I	E	E	Y	P	O	W	Y	Y	V
O	R	G	A	N	I	S	M	E	V	O	M	G	L	I	B
E	R	E	P	P	A	H	C	S	N	E	T	E	W	A	S
W	E	D	N	U	K	R	U	U	T	A	N	E	S	N	K
L	A	B	O	R	A	T	O	R	I	U	M	S	F	C	J

ATOOM
WETENSCHAPPER
KLIMAAT
GEGEVENS
EVOLUTIE
FEIT
NATUURKUNDE
FOSSIEL
HYPOTHESE
LABORATORIUM
METHODE
MINERALEN
MOLECULEN
NATUUR
OBSERVATIE
ORGANISME
DEELTJES
PLANTEN
CHEMISCH

87 - Comida #1

B	U	O	S	K	A	N	E	E	L	X	E	M	S	U	P
K	A	X	D	L	H	P	A	A	R	T	B	W	N	K	O
T	H	S	L	J	R	I	C	I	T	R	O	E	N	B	M
H	E	O	I	M	E	N	S	S	G	A	P	K	W	R	G
Y	G	O	E	L	K	D	Q	A	B	M	T	A	V	C	J
B	Z	K	B	K	I	A	H	A	L	X	Z	C	C	S	N
K	C	I	D	J	U	C	H	Y	J	A	R	N	W	O	Y
E	Y	R	R	I	S	H	U	S	V	N	D	J	N	Q	P
S	Q	B	A	A	P	A	S	M	K	B	K	E	W	M	G
U	Q	A	A	J	I	P	I	S	O	T	T	T	O	X	U
W	N	N	Y	E	N	J	I	N	O	T	U	O	Z	Q	I
Q	O	H	J	B	A	K	I	B	L	S	O	E	P	Y	H
F	H	R	H	D	Z	G	I	V	F	R	X	Y	B	S	Q
X	B	T	T	P	I	I	H	M	O	E	X	V	C	J	H
I	J	J	F	E	E	M	W	L	N	G	Y	K	U	T	M
L	G	I	P	S	L	E	B	A	K	L	E	M	I	J	N

SUIKER
KNOFLOOK
PINDA
TONIJN
CAKE
KANEEL
UI
WORTEL
GERST
ABRIKOOS
SPINAZIE
MELK
CITROEN
BASILICUM
AARDBEI
RAAP
ZOUT
SALADE
SOEP
SAP

88 - Geometria

O	B	A	M	Z	G	G	A	C	I	G	O	L	N	F	K
B	P	E	B	U	V	T	L	U	P	I	B	F	K	Q	K
E	H	P	W	Y	Z	K	K	R	E	T	E	M	A	I	D
R	O	V	E	H	O	E	K	V	M	E	D	I	A	A	N
E	R	E	I	R	Y	O	K	E	O	H	E	I	R	D	W
K	I	R	T	G	V	K	D	V	B	H	O	O	G	T	E
E	Z	T	R	X	F	L	S	J	Q	G	E	T	Q	P	N
N	O	I	O	X	H	E	A	V	Q	Z	L	H	Z	Q	Q
I	N	C	P	A	V	L	M	K	N	Q	P	E	R	H	V
N	T	A	O	D	L	L	S	E	E	Q	L	O	U	C	H
G	A	A	R	S	L	A	F	E	O	J	K	R	N	I	H
X	A	L	P	J	C	R	Y	J	G	M	I	I	U	R	K
D	L	I	M	L	N	A	S	B	L	M	A	E	T	K	C
H	U	V	U	H	S	P	M	N	C	E	E	S	V	E	P
S	Y	M	M	E	T	R	I	E	K	Y	Z	N	S	L	Y
D	I	M	E	N	S	I	E	C	S	P	G	R	T	A	N

HOOGTE
HOEK
BEREKENING
CIRKEL
CURVE
DIAMETER
DIMENSIE
HORIZONTAAL
LOGICA
MASSA
MEDIAAN
PARALLEL
PROPORTIE
SEGMENT
SYMMETRIE
OPPERVLAK
THEORIE
DRIEHOEK
VERTICAAL

89 - Pássaros

A	X	H	U	R	W	I	C	E	F	J	O	H	E	Z	G
J	D	W	S	D	Z	S	Z	E	O	S	J	P	R	A	W
P	K	E	O	K	E	O	K	N	R	K	X	S	B	F	H
D	J	D	L	K	X	B	F	D	H	C	J	O	U	P	K
T	Z	O	Y	A	P	A	P	E	G	A	A	I	B	M	Y
Y	A	R	I	P	A	H	O	G	N	I	M	A	L	F	S
M	B	N	P	I	K	R	E	D	A	L	B	W	M	K	T
P	U	R	A	A	V	E	I	O	O	N	A	A	W	Z	R
E	W	S	U	A	A	G	G	G	M	Ï	S	T	N	F	U
L	C	U	W	R	F	I	U	D	E	U	S	O	O	M	I
I	N	T	M	K	R	E	K	O	E	G	Q	E	S	S	S
K	G	J	I	I	L	R	X	R	U	N	T	K	S	I	V
A	E	X	A	A	R	Z	C	M	W	I	A	A	B	F	O
A	V	H	U	F	Y	N	V	A	K	P	Q	N	H	E	G
N	W	O	Q	Z	H	Q	H	B	Q	V	N	H	P	N	E
C	X	D	E	R	X	I	W	N	M	B	M	U	S	E	L

STRUISVOGEL
ADELAAR
OOIEVAAR
ZWAAN
KRAAI
KOEKOEK
FLAMINGO
KIP
MEEUW
GANS
REIGER
EI
PAPEGAAI
MUS
EEND
PAUW
PELIKAAN
PINGUÏN
DUIF
TOEKAN

90 - Literatura

Y	X	V	U	Y	F	Q	E	S	Y	L	A	N	A	V	Z
J	R	U	E	T	U	A	K	Q	Y	U	N	W	C	E	M
C	O	N	C	L	U	S	I	E	V	H	A	O	J	R	X
P	O	S	A	X	E	K	A	I	Y	X	L	M	D	G	D
E	F	B	I	M	T	R	Z	T	L	N	O	S	E	E	D
T	A	P	I	T	O	P	U	C	Q	L	G	C	A	L	A
I	T	E	X	U	D	R	A	I	R	R	I	H	N	I	D
T	E	A	Q	H	Y	X	A	F	R	E	E	R	E	J	I
R	M	G	E	D	I	C	H	T	K	L	M	I	K	K	A
A	L	J	I	T	S	A	D	W	L	L	E	J	D	I	L
G	R	B	I	O	G	R	A	F	I	E	N	V	O	N	O
E	E	L	W	R	M	T	M	F	A	T	I	I	T	G	O
D	N	Z	Z	S	A	K	H	Y	R	R	N	N	E	P	G
I	M	U	G	T	A	Z	O	E	X	E	G	G	P	G	C
E	Q	Z	C	J	X	R	M	F	M	V	H	B	O	B	U
A	Q	V	T	X	Z	O	I	Q	Y	A	R	I	T	M	E

ANALOGIE
ANALYSE
ANEKDOTE
AUTEUR
BIOGRAFIE
VERGELIJKING
CONCLUSIE
OMSCHRIJVING
DIALOOG
STIJL
FICTIE
METAFOOR
VERTELLER
MENING
GEDICHT
RIJM
RITME
ROMAN
THEMA
TRAGEDIE

91 - Química

T	D	E	N	U	C	L	E	A	I	R	O	D	E	X	S
E	O	M	L	P	A	Z	L	F	T	Q	R	Z	N	M	R
M	T	U	E	E	L	R	U	S	F	F	G	U	T	F	Y
P	O	C	L	F	M	Y	Z	N	E	C	A	U	J	O	P
E	P	I	E	O	Z	E	G	H	G	F	N	R	J	Z	H
R	R	I	B	T	T	F	N	P	M	I	I	O	O	K	C
A	O	I	J	S	A	G	Z	T	L	I	S	O	U	G	S
T	T	H	C	I	W	E	G	U	E	B	C	L	N	P	I
U	A	J	A	E	W	M	P	O	U	N	H	H	T	X	L
U	S	E	Z	O	Z	L	V	Z	J	R	Z	C	J	X	A
R	Y	U	L	L	U	C	P	F	O	T	S	L	O	O	K
W	L	D	N	V	S	D	D	U	A	H	K	T	I	C	L
W	A	R	M	T	E	K	C	W	I	F	I	N	O	I	A
A	T	W	A	T	E	R	S	T	O	F	Y	I	N	F	K
A	A	M	O	L	E	C	U	U	L	T	R	Y	F	V	A
X	K	W	P	Q	A	E	L	E	K	T	R	O	N	D	P

ALKALISCH
ZUUR
WARMTE
KOOLSTOF
KATALYSATOR
CHLOOR
ELEMENTEN
ELEKTRON
ENZYM
GAS
WATERSTOF
ION
VLOEISTOF
MOLECUUL
NUCLEAIR
ORGANISCH
ZUURSTOF
GEWICHT
ZOUT
TEMPERATUUR

92 - Clima

R	I	A	L	O	P	Z	Q	V	F	F	D	N	I	W	U
E	E	V	E	X	T	O	I	U	Q	G	R	M	L	T	X
D	P	G	O	O	R	D	A	K	B	M	O	D	L	L	E
N	B	T	E	S	G	A	W	J	G	G	O	D	X	S	A
O	R	R	U	N	X	N	C	T	M	J	G	F	E	Z	E
D	I	O	T	A	B	R	I	J	S	C	T	H	B	Q	E
Z	E	P	N	A	H	O	N	O	O	I	E	E	N	E	H
L	S	I	G	K	V	T	O	P	S	T	M	R	O	T	S
H	O	S	U	R	G	R	A	G	M	W	E	H	S	L	T
L	N	C	D	O	V	T	I	J	S	U	S	E	S	A	D
Y	R	H	D	W	S	L	V	L	Y	P	K	T	E	L	N
T	E	M	P	E	R	A	T	U	U	R	I	W	O	Z	L
V	G	O	Q	J	S	A	J	W	O	P	L	E	M	E	H
K	L	I	M	A	A	T	S	B	O	N	B	W	Z	Y	B
V	F	K	Z	M	U	T	P	Q	E	L	P	P	Y	W	P
M	I	A	T	M	O	S	F	E	E	R	K	R	T	D	A

REGENBOOG
ATMOSFEER
BRIES
HEMEL
KLIMAAT
ORKAAN
IJS
MOESSON
MIST
WOLK
POLAIR
BLIKSEM
DROOGTE
DROOG
TEMPERATUUR
STORM
TORNADO
TROPISCH
DONDER
WIND

93 - Arte

H	D	K	B	C	S	G	O	H	N	N	P	S	L	B	E
C	U	N	K	N	R	U	U	G	I	F	O	A	Z	E	E
S	V	M	X	V	Q	E	S	D	J	U	Ë	M	O	E	R
I	I	V	E	D	M	Q	Ë	F	M	R	Z	E	R	L	L
M	S	D	D	U	I	S	W	R	I	Z	I	N	I	D	I
A	U	K	R	Z	R	A	L	W	E	B	E	S	G	H	J
R	E	Y	E	Y	V	Z	H	W	F	N	C	T	I	O	K
E	E	D	E	M	G	F	W	W	I	U	R	E	N	U	O
K	L	U	R	I	I	S	W	N	T	Z	M	L	E	W	N
S	C	H	I	L	D	E	R	I	J	E	N	L	E	W	D
C	O	I	P	O	U	D	G	T	V	P	F	I	L	E	E
P	E	R	S	O	O	N	L	I	J	K	T	N	Y	R	R
F	Q	L	N	B	V	F	E	A	K	Z	E	G	M	K	W
F	Q	A	Ï	M	N	C	O	M	P	L	E	X	I	Y	E
I	Y	C	E	Y	E	Q	A	J	A	Z	J	F	L	M	R
B	N	I	G	S	E	H	X	L	E	Y	R	C	M	R	P

KERAMISCH
COMPLEX
SAMENSTELLING
CREËREN
BEELDHOUWWERK
FIGUUR
EERLIJK
HUMEUR
GEÏNSPIREERD
ORIGINEEL
PERSOONLIJK
SCHILDERIJEN
POËZIE
EENVOUDIG
SYMBOOL
ONDERWERP
VISUEEL

94 - Diplomacia

I	U	Q	I	E	D	I	S	C	U	S	S	I	E	X	Y
O	P	L	O	S	S	I	N	G	W	O	G	U	P	B	N
I	V	F	V	N	Y	J	A	M	B	A	S	S	A	D	E
N	E	L	J	R	K	E	D	R	L	A	X	D	H	X	L
T	P	R	N	F	T	C	I	L	F	N	O	C	C	T	A
E	B	U	R	J	R	U	E	S	I	V	D	A	S	N	T
G	V	E	I	L	I	G	H	E	I	D	Y	K	N	X	B
R	R	D	A	V	I	B	G	P	E	T	H	I	E	K	U
I	E	A	T	E	E	F	I	I	O	N	M	E	E	O	R
T	S	S	I	R	D	O	T	E	B	L	B	X	M	W	G
E	O	S	N	D	H	J	H	W	S	Y	I	X	E	K	E
I	L	A	A	R	W	K	C	M	G	T	N	T	G	N	R
T	U	B	M	A	Q	Q	E	S	K	D	P	V	I	B	S
C	T	M	U	G	Q	R	R	F	K	Q	K	T	X	E	R
I	I	A	H	U	M	L	E	V	U	C	V	E	B	S	K
F	E	J	V	J	M	D	G	R	E	G	E	R	I	N	G

BURGERS
GEMEENSCHAP
CONFLICT
ADVISEUR
DISCUSSIE
AMBASSADE
AMBASSADEUR
ETHIEK
REGERING
HUMANITAIR
INTEGRITEIT
GERECHTIGHEID
TALEN
POLITIEK
RESOLUTIE
VEILIGHEID
OPLOSSING
VERDRAG

95 - Comida # 2

M	M	V	Y	D	T	M	N	A	A	N	A	B	S	X	A
A	R	T	I	S	J	O	K	B	P	I	K	B	J	S	P
Z	Z	U	L	B	I	E	K	O	J	P	L	Q	K	Y	Z
H	W	W	O	Q	L	V	H	E	W	P	E	Q	A	O	N
V	U	A	C	E	Q	H	A	T	R	O	L	L	A	G	L
U	E	R	C	Z	F	O	M	B	P	K	Y	E	S	H	D
L	V	A	O	T	O	M	A	A	T	I	A	D	R	U	S
E	S	P	R	F	O	I	J	V	I	W	V	N	F	R	H
D	B	W	B	S	B	Q	R	E	J	I	D	A	N	T	T
A	U	B	E	R	G	I	N	E	F	D	P	M	Q	C	Z
L	E	O	T	S	E	D	D	A	P	S	D	A	Q	E	G
O	K	X	D	C	F	R	T	A	R	W	E	X	H	Y	A
C	E	E	U	Q	V	I	D	R	U	I	F	Q	G	P	T
O	L	F	R	F	K	J	F	V	H	H	P	R	V	U	M
H	G	L	Z	S	M	S	Z	F	C	N	V	N	U	Z	D
C	V	N	Z	P	R	T	R	W	J	Y	O	V	X	W	J

ARTISJOK
AMANDEL
RIJST
BANAAN
AUBERGINE
BROCCOLI
KERS
CHOCOLADE
PADDESTOEL
KIP

YOGHURT
KIWI
APPEL
EI
VIS
HAM
KAAS
TOMAAT
TARWE
DRUIF

96 - Universo

B	K	A	S	T	E	R	O	Ï	D	E	K	B	Z	C	X
R	O	E	W	N	H	C	U	T	Z	H	A	T	K	Q	C
E	S	X	E	L	E	L	M	F	D	T	N	I	C	E	G
E	M	D	D	K	O	S	I	N	R	E	T	S	I	U	D
D	I	X	N	V	X	C	N	T	M	G	E	N	N	O	Z
T	S	C	E	A	S	L	P	P	C	J	L	Y	G	K	R
E	C	T	W	H	E	M	E	L	Q	V	E	S	V	C	E
G	H	R	E	E	F	S	O	M	T	A	N	D	Z	T	V
R	U	E	N	L	Y	S	B	N	X	M	A	A	N	P	E
A	I	V	N	S	E	I	M	O	N	O	R	T	S	A	N
A	Q	L	O	A	I	S	L	H	O	R	I	Z	O	N	A
D	W	V	Z	E	W	C	C	M	M	Q	K	Y	U	A	A
H	A	L	F	R	O	N	D	O	W	G	J	Q	Y	A	R
Z	I	C	H	T	B	A	A	R	O	E	E	Y	Z	B	I
A	S	T	R	O	N	O	O	M	Q	P	E	Y	N	W	L
U	L	E	N	G	T	E	G	R	A	A	D	C	K	W	X

ASTEROÏDE
ASTRONOMIE
ASTRONOOM
ATMOSFEER
HEMEL
KOSMISCH
EVENAAR
HALFROND
HORIZON
KANTELEN
BREEDTEGRAAD
LENGTEGRAAD
MAAN
BAAN
ZONNE
ZONNEWENDE
TELESCOOP
DUISTERNIS
ZICHTBAAR

97 - Jazz

U	S	M	U	R	D	U	O	D	I	I	N	C	E	I	S
Y	T	S	E	I	T	R	A	Q	R	A	X	K	L	M	A
O	I	S	H	C	D	I	I	I	J	L	W	H	J	P	M
R	J	E	I	O	M	P	F	A	H	X	O	D	W	R	E
K	L	X	V	N	E	T	E	I	R	O	V	A	F	O	N
E	I	E	M	X	O	D	L	R	P	U	S	P	T	V	S
S	O	A	H	C	R	P	M	O	G	X	C	P	X	I	T
T	G	E	N	R	E	W	M	U	R	Z	D	A	B	S	E
N	R	B	D	O	B	M	X	O	X	Z	V	L	K	A	L
A	I	K	U	R	D	A	N	N	C	C	I	B	T	T	L
O	R	E	E	V	A	Q	Z	N	F	O	I	U	A	I	I
I	J	I	U	M	D	L	E	I	W	N	F	M	Y	E	N
R	T	Z	J	W	K	E	I	N	H	C	E	T	B	R	G
C	S	U	E	T	N	G	D	E	Y	E	M	T	I	R	E
K	N	M	H	E	Z	D	S	X	D	R	G	R	O	V	I
O	P	Q	I	K	S	K	W	S	S	T	N	E	L	A	T

ARTIEST
ALBUM
DRUMS
LIED
SAMENSTELLING
COMPONIST
CONCERT
STIJL
NADRUK
BEROEMD
FAVORIETEN
GENRE
IMPROVISATIE
MUZIEK
NIEUW
ORKEST
RITME
TALENT
TECHNIEK
OUD

98 - Barcos

N	R	I	V	I	E	R	R	E	E	M	J	A	C	H	T
V	A	J	I	Q	E	X	E	I	V	A	M	O	T	O	R
A	W	U	O	T	Z	O	K	T	Q	S	W	Z	V	P	X
D	Z	A	T	Y	C	H	N	Y	Z	T	C	J	J	K	J
U	M	J	O	I	S	L	A	M	Z	Y	D	C	T	A	K
O	M	K	O	D	S	X	Y	A	Q	H	M	J	I	I	P
R	S	A	B	V	U	C	Z	T	M	X	V	R	Y	E	X
J	V	J	R	V	E	M	H	R	B	B	H	J	B	A	L
R	V	A	E	Q	X	K	C	O	P	H	H	O	E	G	X
B	G	K	E	A	B	A	V	O	V	L	O	T	M	A	E
I	T	O	V	Y	L	N	R	S	B	R	I	W	A	F	K
A	I	P	L	U	L	O	S	R	Y	F	D	B	N	Y	P
Y	J	Z	Y	V	B	S	P	Z	W	I	J	O	N	T	N
E	P	Z	N	M	E	Y	J	F	E	E	C	E	I	H	I
X	X	R	C	I	L	N	O	I	Y	K	C	I	N	U	Y
O	C	E	A	A	N	Y	C	M	A	O	B	Y	G	X	D

ANKER
VEERBOOT
BOEI
KAJAK
KANO
TOUW
DOK
JACHT
VLOT
MEER
ZEE
TIJ
MATROOS
MAST
MOTOR
NAUTISCH
OCEAAN
GOLVEN
RIVIER
BEMANNING

99 - Mamíferos

O	G	E	Z	W	N	V	P	S	H	C	W	K	C	V	A
L	O	W	L	V	L	R	A	A	P	I	O	H	Q	Q	D
I	R	U	N	E	D	H	E	Q	X	B	I	Y	Z	V	Q
F	I	E	J	G	S	K	A	M	E	E	L	B	O	P	I
A	L	E	I	D	H	Y	N	W	T	G	O	S	H	T	K
N	L	L	N	T	Z	Y	D	R	X	G	U	O	K	X	E
T	A	Q	O	R	S	I	V	L	A	W	G	C	L	R	O
Z	R	E	K	N	O	T	U	M	E	L	H	A	C	S	R
W	B	I	Y	J	V	L	H	O	S	E	O	P	F	A	E
A	E	F	J	T	E	D	I	B	P	R	N	I	U	W	O
H	Z	V	N	S	G	U	Y	P	E	Z	D	A	X	D	G
D	O	L	F	I	J	N	R	I	R	V	W	O	L	F	N
R	Z	X	K	G	I	R	A	F	H	B	E	A	C	V	A
A	R	P	A	A	H	C	S	K	Y	E	A	R	T	Y	K
A	W	V	T	L	N	I	M	H	T	I	Q	D	B	H	I
P	Q	Y	M	W	C	V	K	R	Y	O	U	O	P	J	V

WALVIS
KAMEEL
KANGOEROE
BEVER
PAARD
HOND
KONIJN
COYOTE
OLIFANT
KAT
GIRAF
DOLFIJN
GORILLA
LEEUW
WOLF
AAP
SCHAAP
VOS
STIER
ZEBRA

100 - Atividades e Lazer

H	B	F	A	R	X	O	O	A	H	V	A	Y	D	R	D
W	O	L	F	V	F	F	H	N	E	L	E	D	N	A	W
L	C	N	G	N	D	T	M	I	N	V	B	G	U	L	U
F	P	E	K	A	B	V	X	D	G	P	P	I	P	A	H
C	M	N	B	B	X	N	E	R	E	I	N	I	U	T	D
X	V	N	S	O	A	J	W	A	L	A	B	T	E	O	V
N	X	A	N	G	K	L	N	C	S	Z	Q	B	K	S	G
P	J	P	W	F	X	S	P	E	P	J	U	A	A	C	L
K	Z	S	Q	P	W	B	E	N	O	T	D	S	M	H	L
E	U	T	R	E	I	S	Z	N	R	K	Y	K	P	I	O
S	T	N	E	K	I	U	D	Y	T	T	T	E	E	L	X
T	A	O	S	Z	W	E	M	M	E	N	E	T	R	D	G
D	L	P	W	T	S	U	R	F	E	N	N	B	E	E	F
D	M	L	A	B	Y	E	L	L	O	V	N	A	N	R	O
I	X	I	F	M	Y	B	B	O	H	M	I	L	G	I	H
A	X	Z	Y	Q	E	A	W	G	O	O	S	E	L	J	Y

KAMPEREN
KUNST
BASKETBAL
HONKBAL
BOKSEN
WANDELEN
RACEN
VOETBAL
GOLF
HOBBY
TUINIEREN
DUIKEN
ZWEMMEN
HENGELSPORT
SCHILDERIJ
ONTSPANNEN
SURFEN
TENNIS
REIS
VOLLEYBAL

1 - Dirigindo

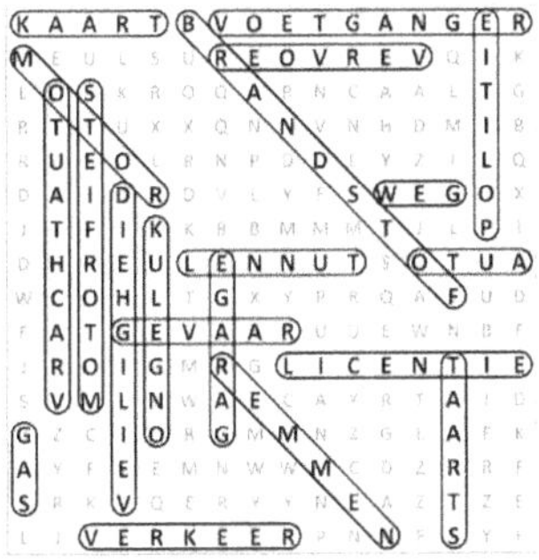

2 - Antiguidades

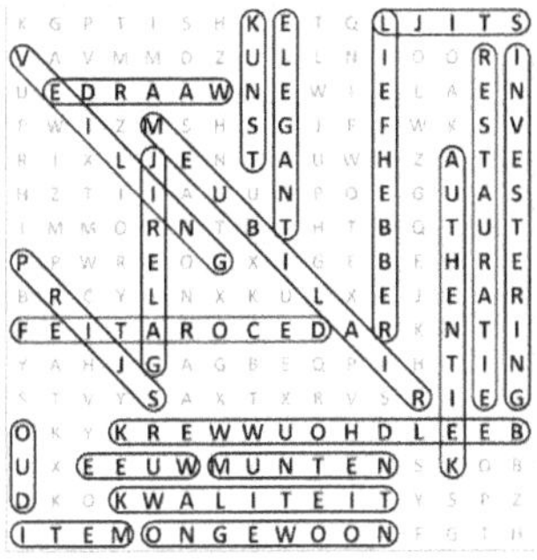

3 - Churrascos

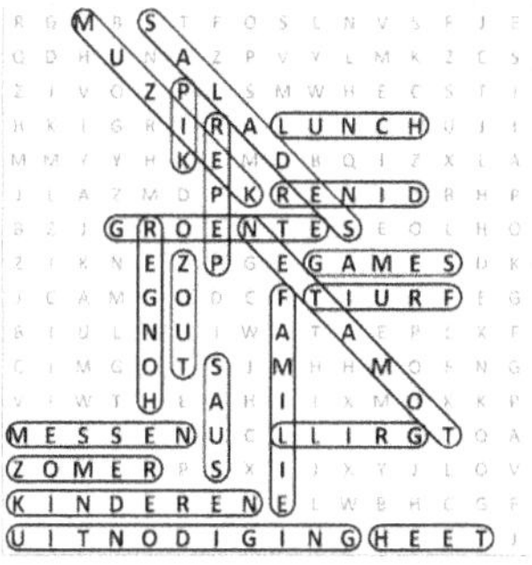

4 - Pesca

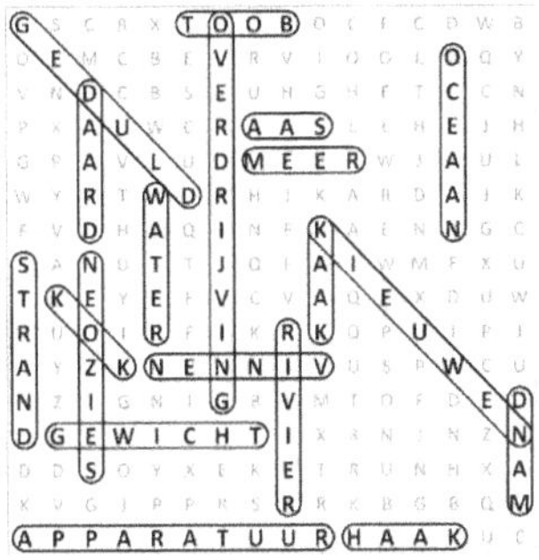

5 - Geologia

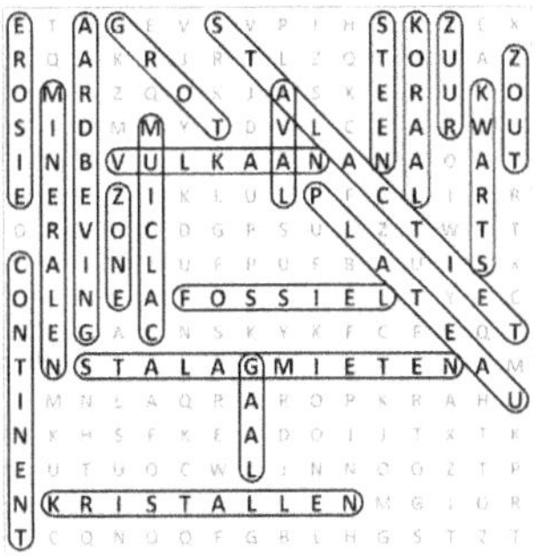

6 - Tempo

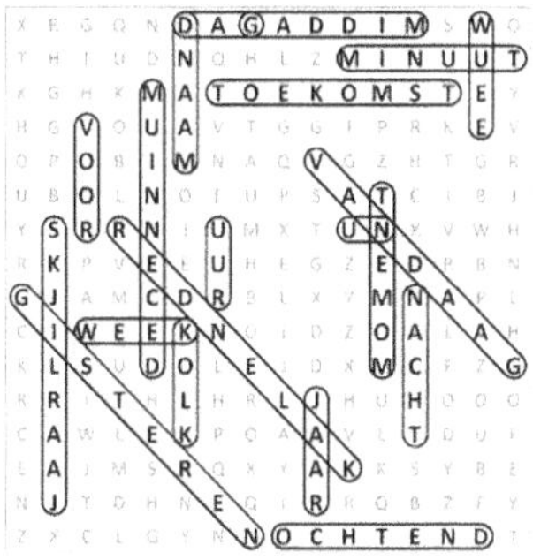

7 - Astronomia

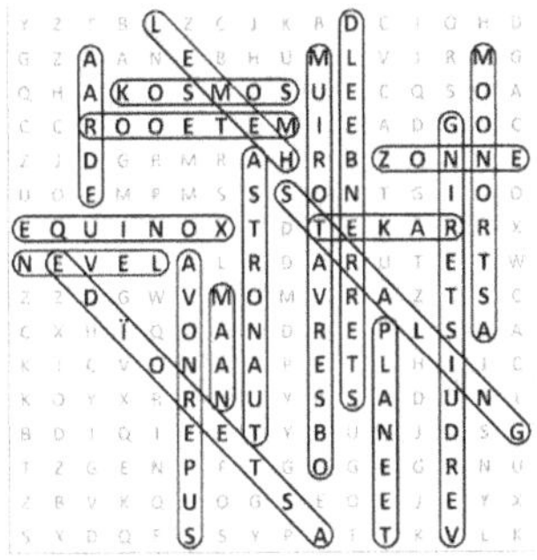

8 - Acampamento

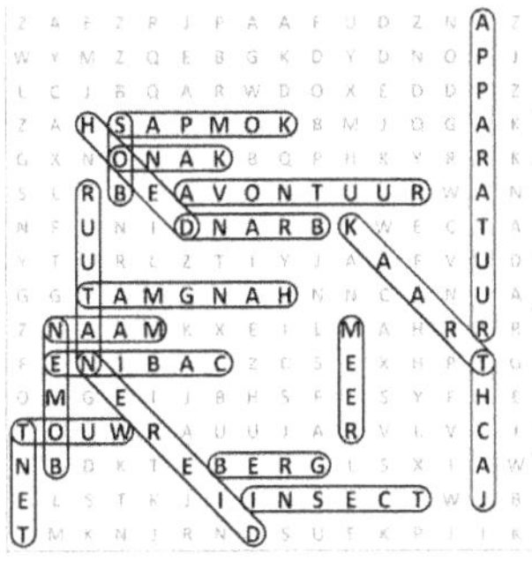

9 - Ficção Científica

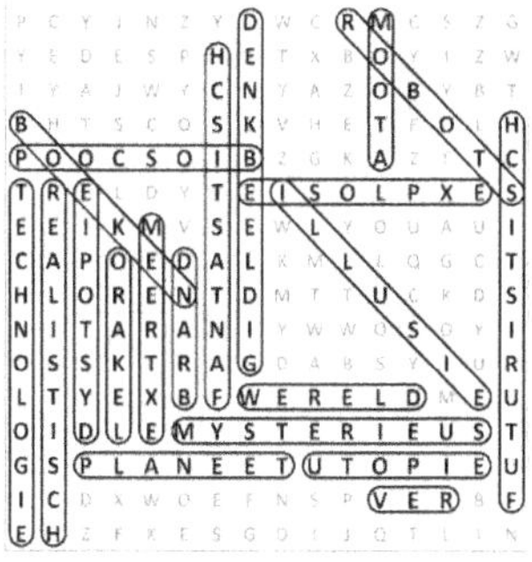

10 - Mitologia

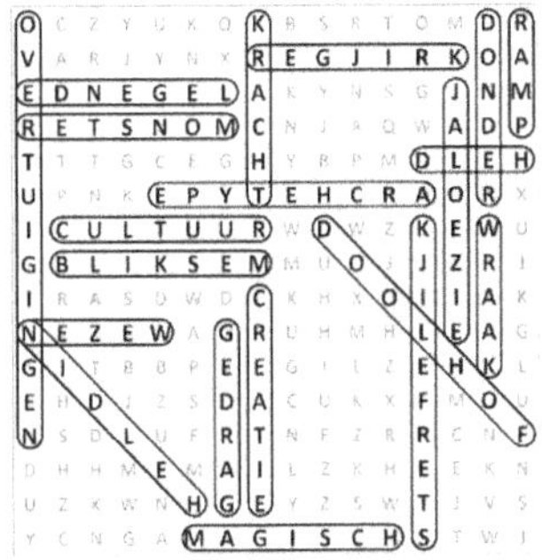

11 - Medições

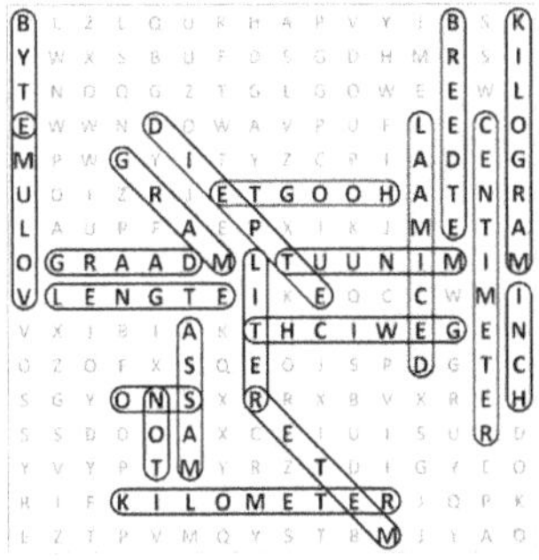

12 - Álgebra

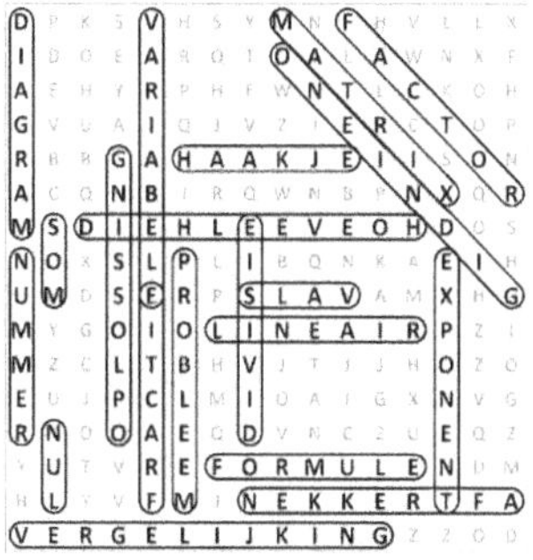

13 - Plantas

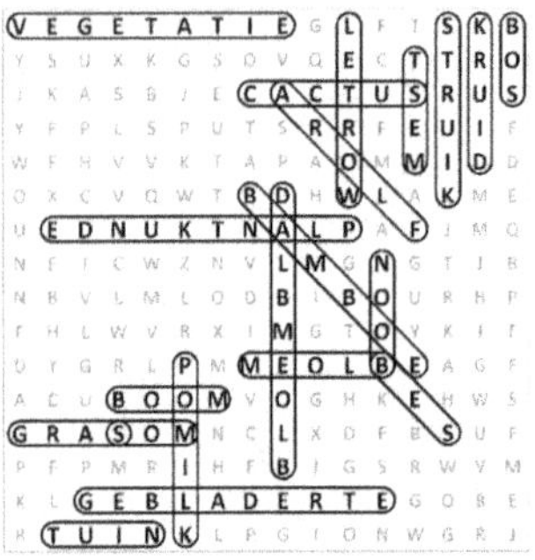

14 - Veículos

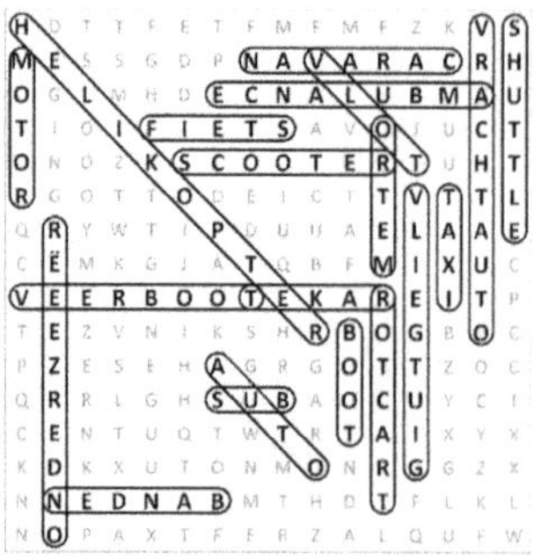

15 - Engenharia

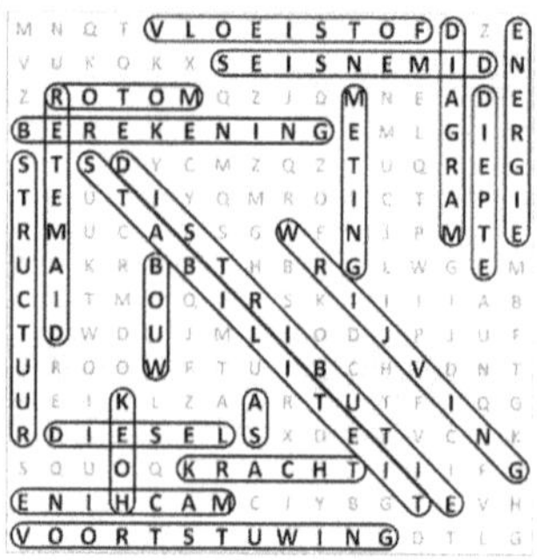

16 - Restaurante # 2

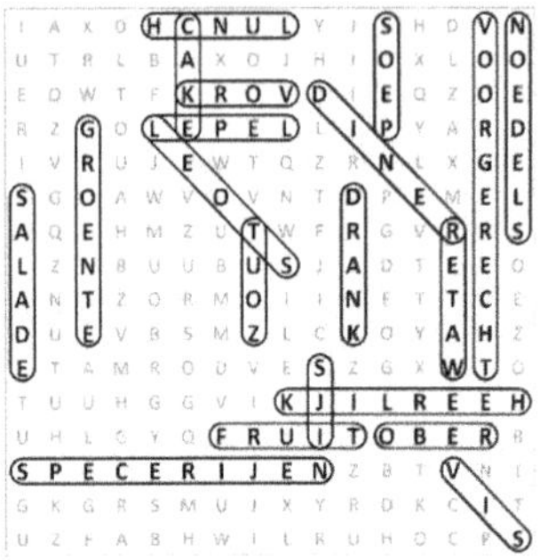

17 - Países #2

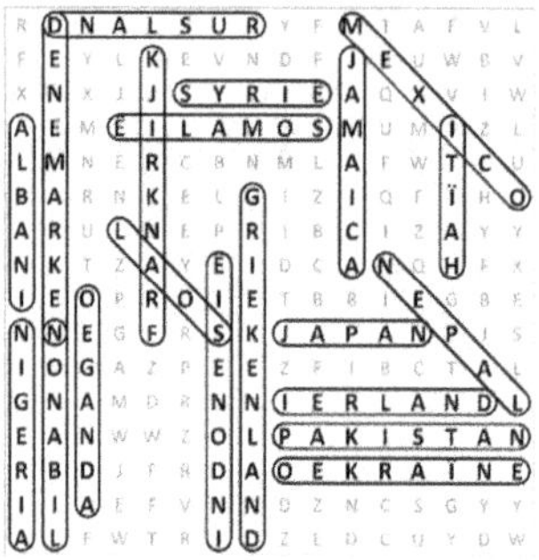

18 - Cozinha

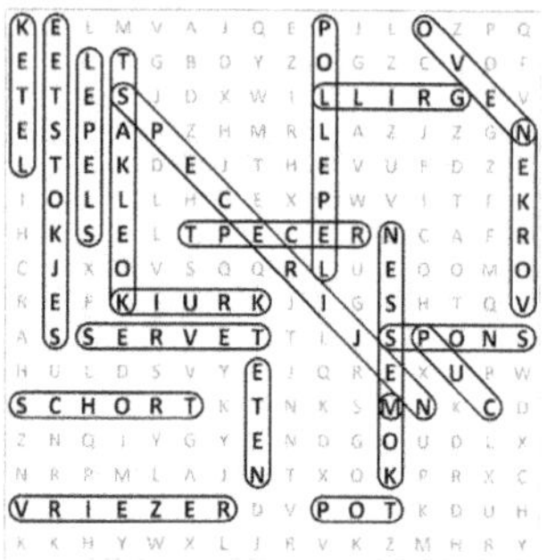

19 - Material de Arte

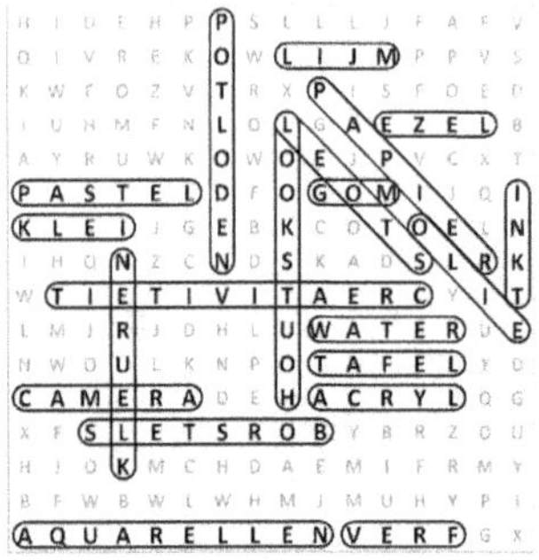

20 - Números

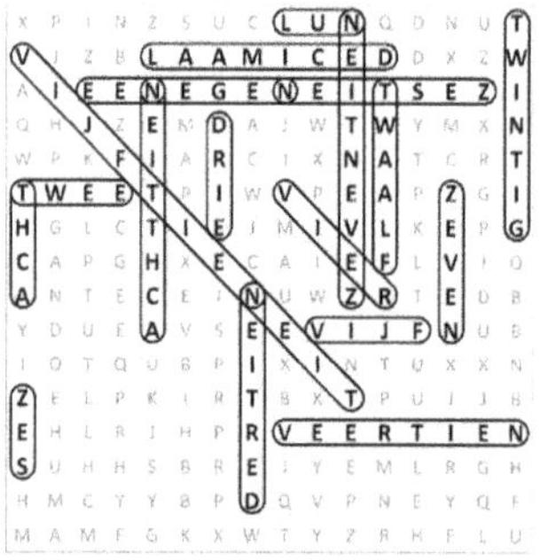

21 - Física

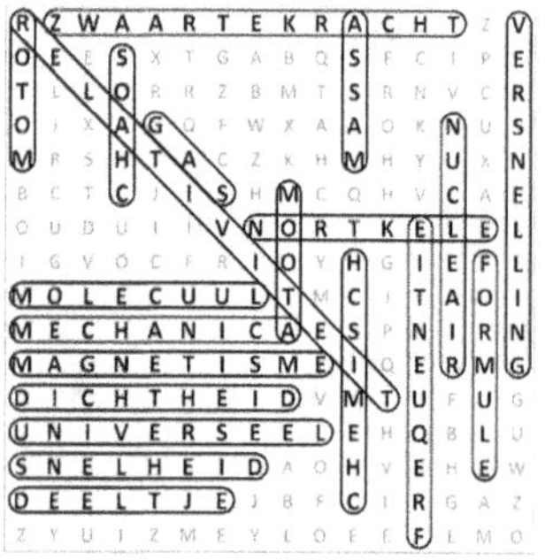

22 - Especiarias

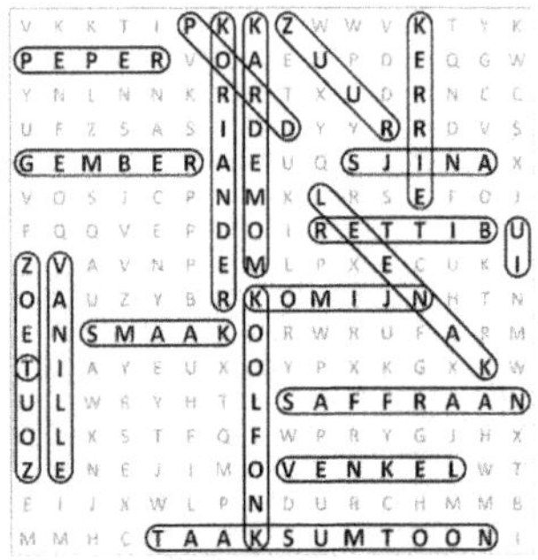

23 - Países #1

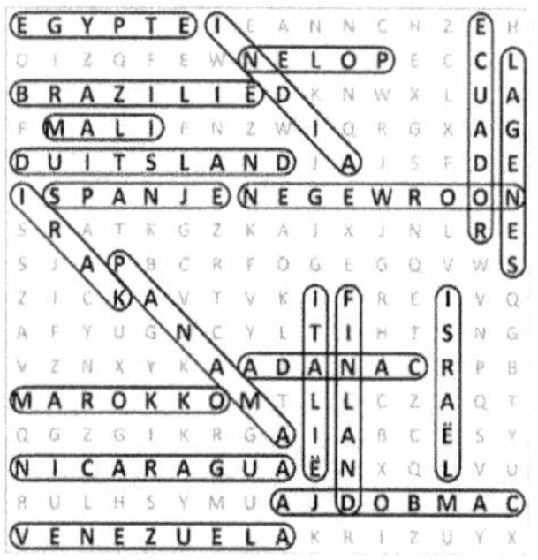

24 - A Mídia

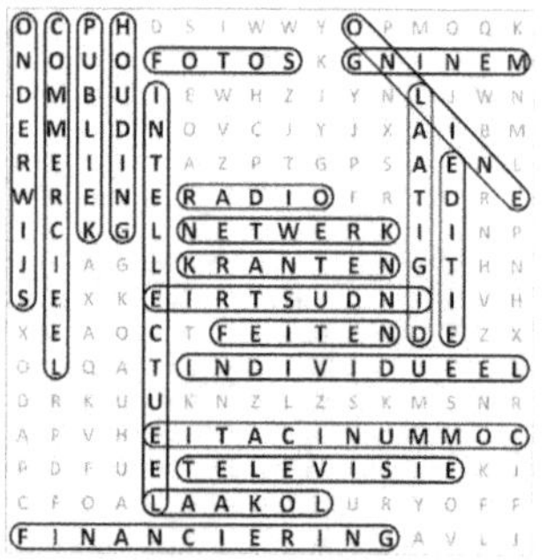

25 - Casa

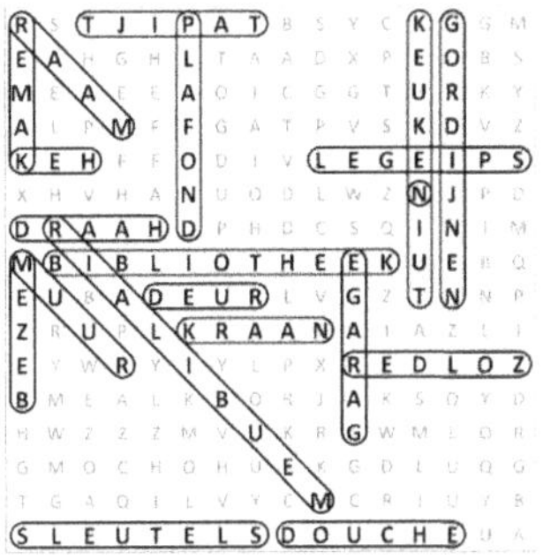

26 - Vegetais

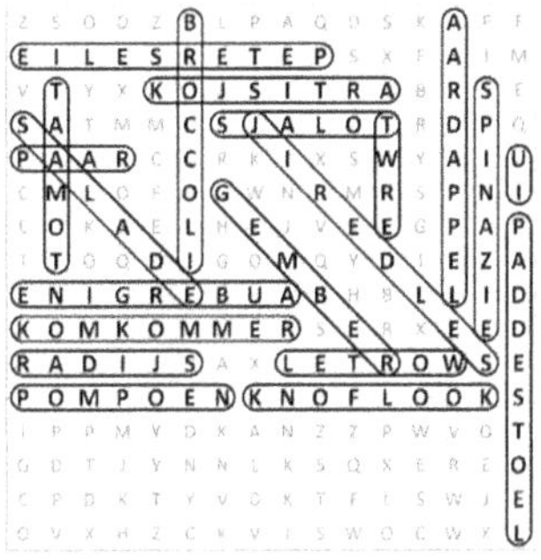

27 - Balé

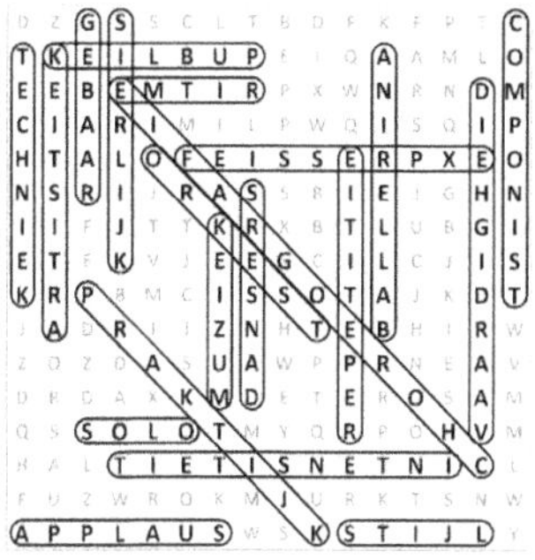

28 - Adjetivos #1

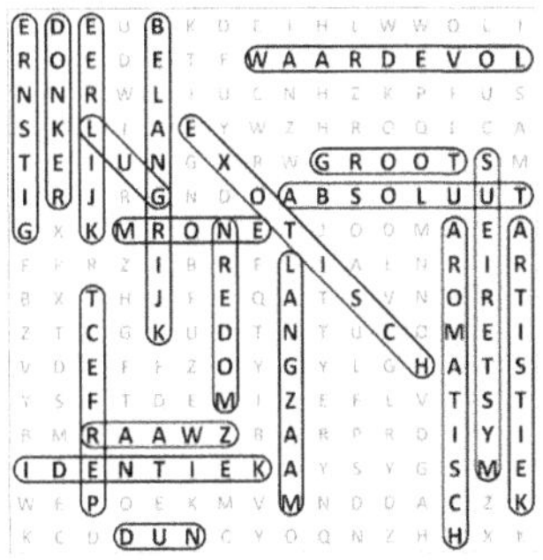

29 - Psicologia

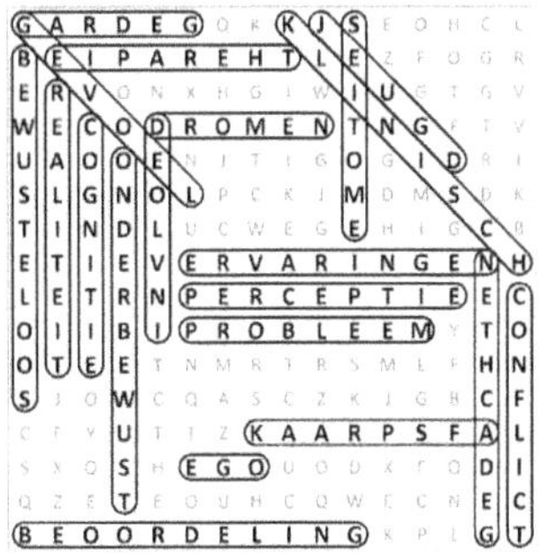

30 - Paisagens

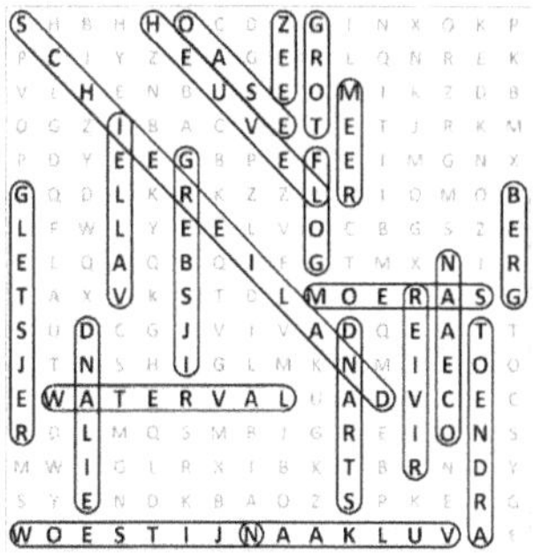

31 - Dança

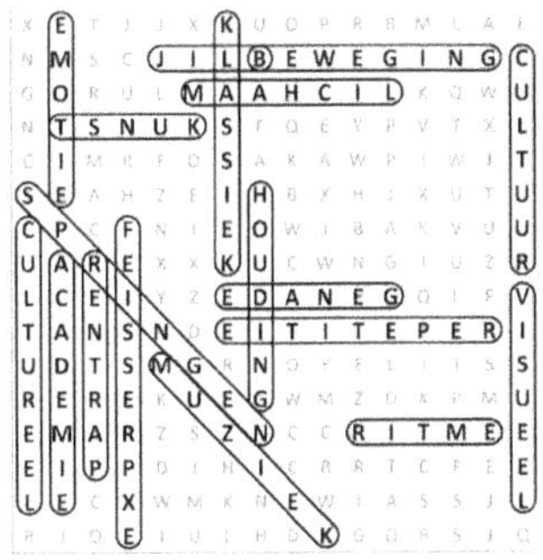

32 - Nutrição

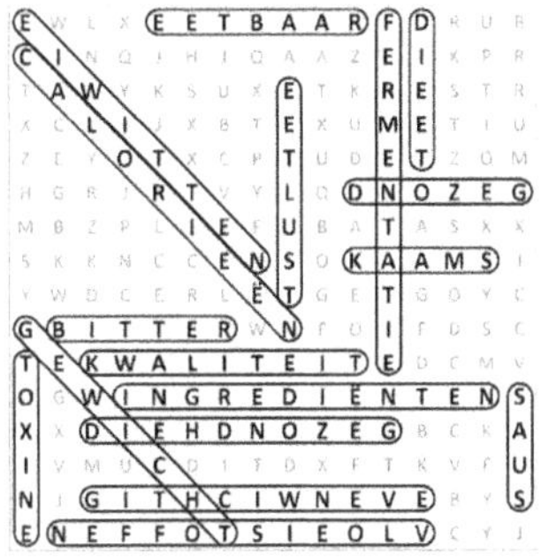

33 - Energia

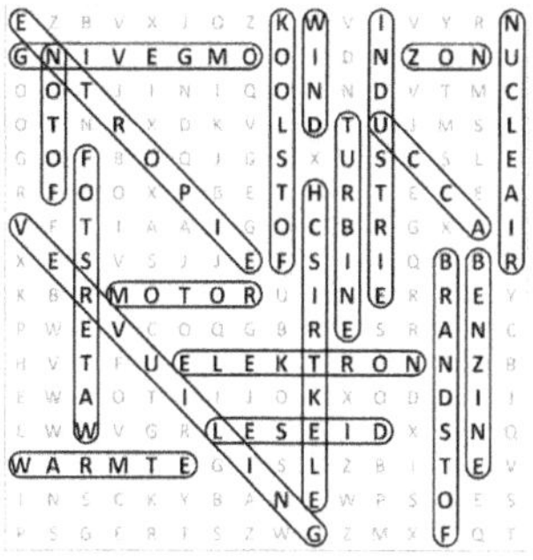

34 - Disciplinas Científicas

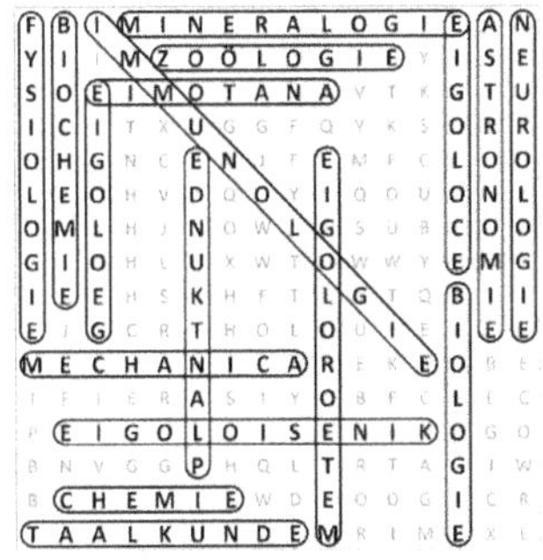

35 - Meditação

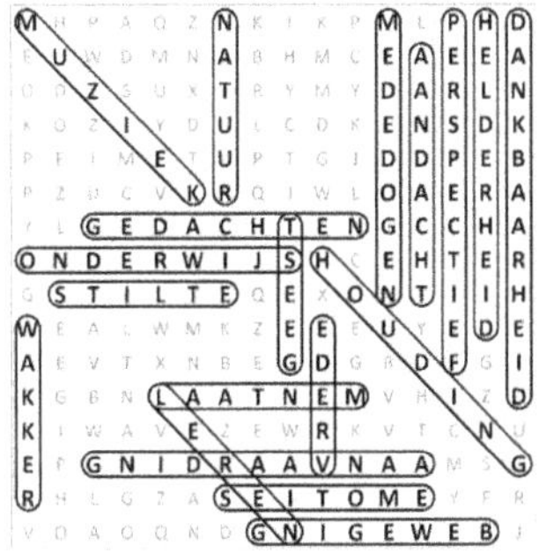

36 - Artes Visuais

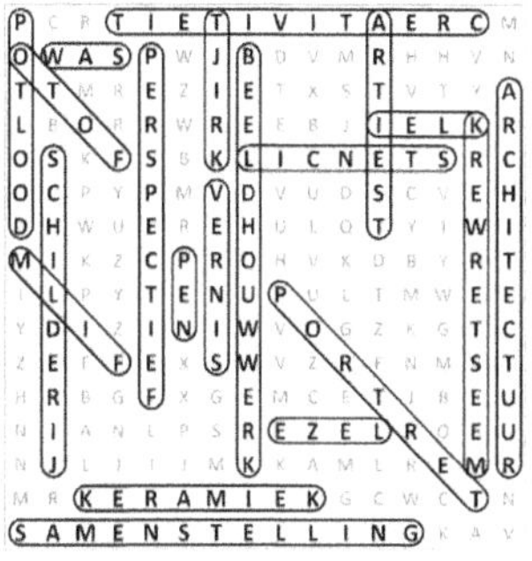

37 - Moda

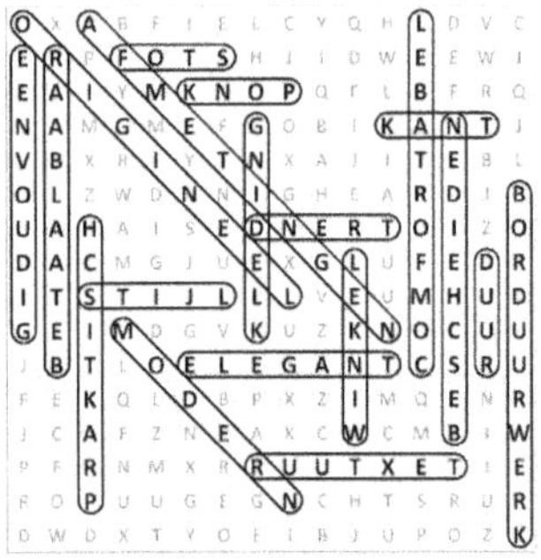

38 - Instrumentos Musicais

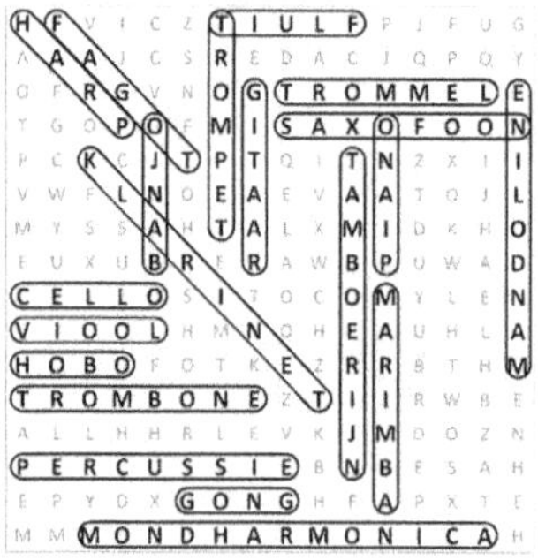

39 - Adjetivos #2

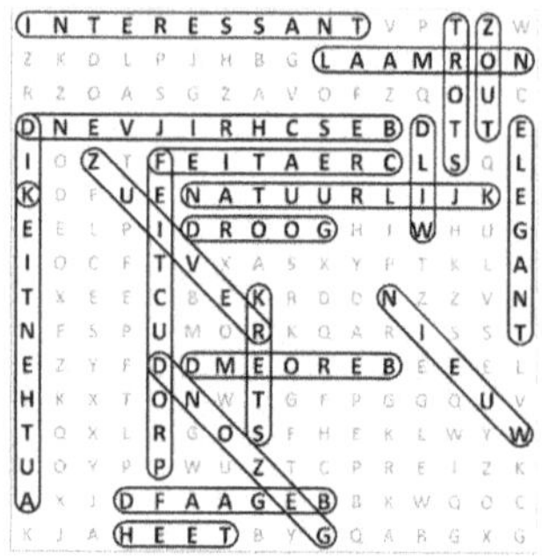

40 - Roupas

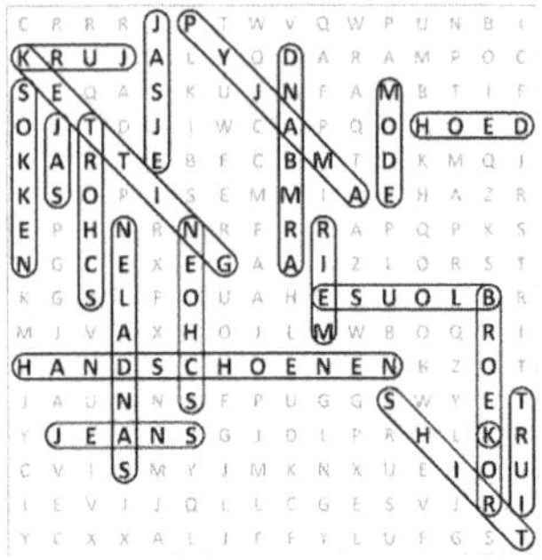

41 - Herbalismo

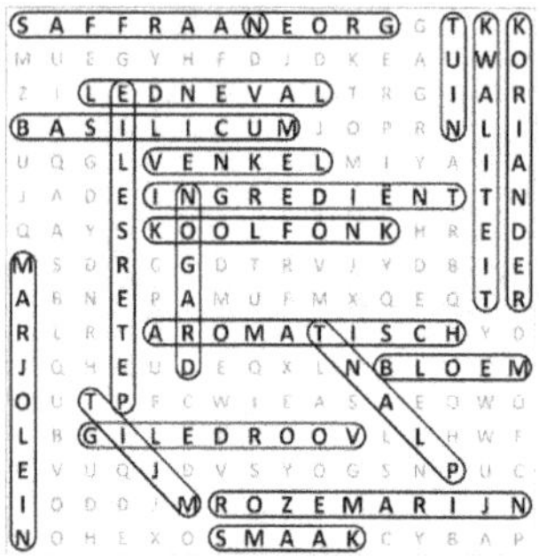

42 - Arqueologia

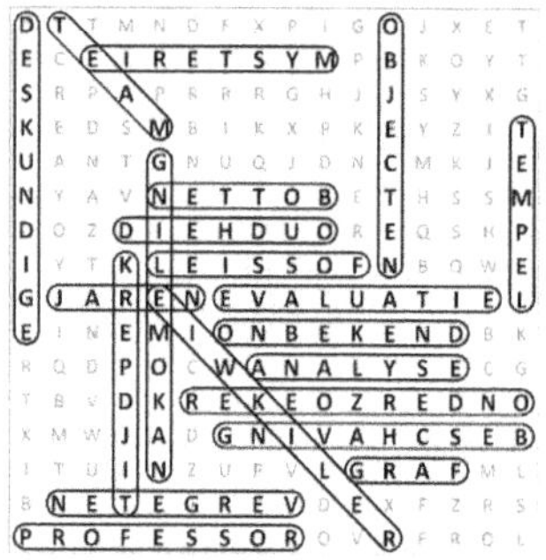

43 - Agronomia

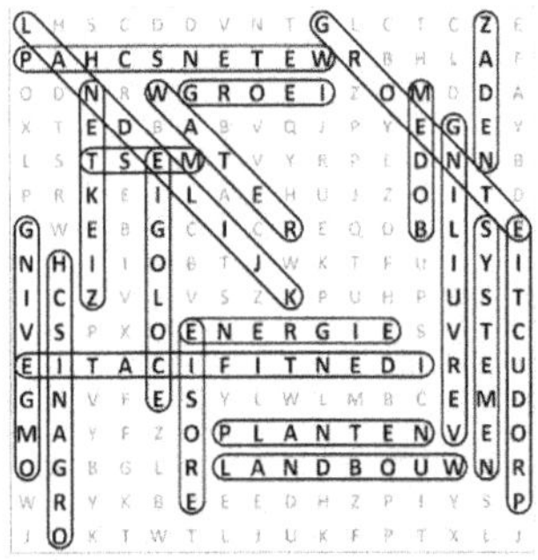

44 - Frutas

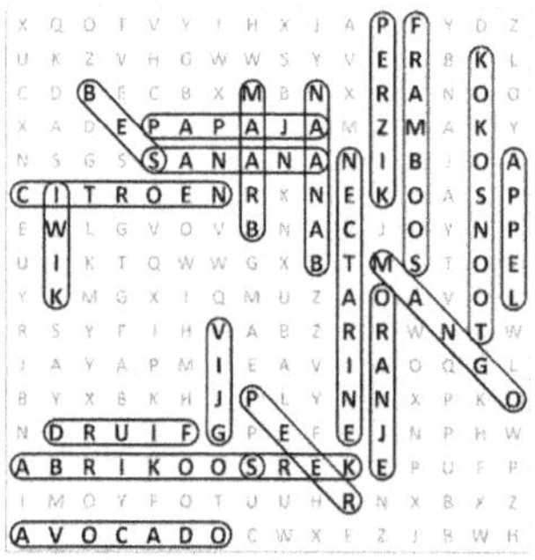

45 - Corpo Humano

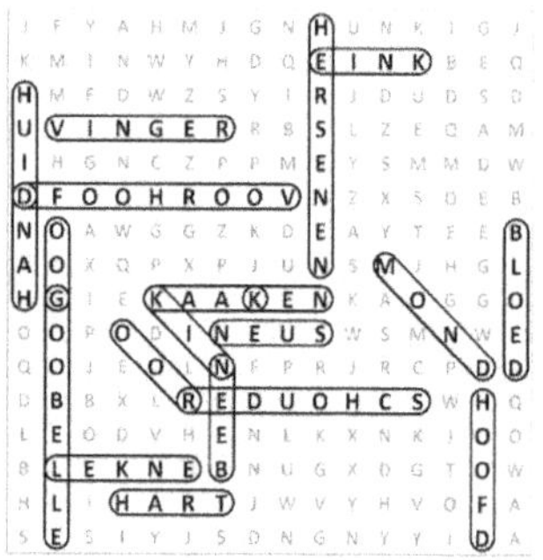

46 - Caminhada

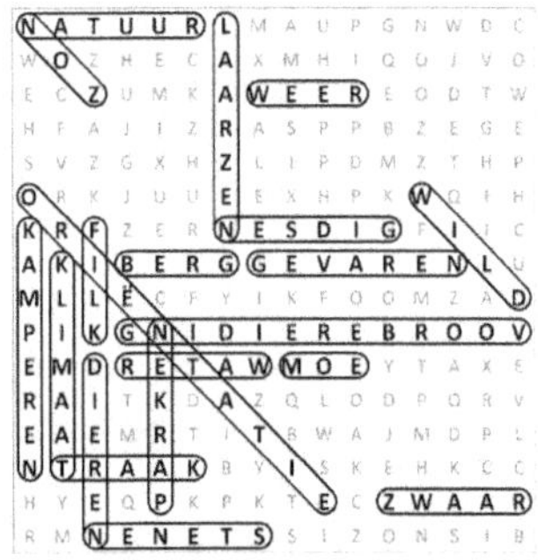

47 - Biologia

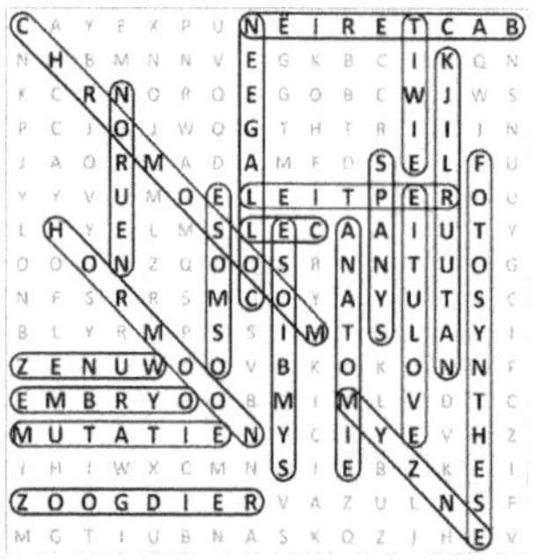

48 - Beleza

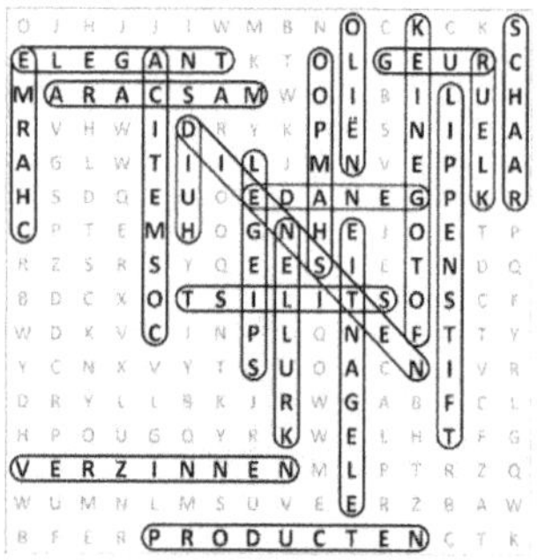

49 - Ecologia

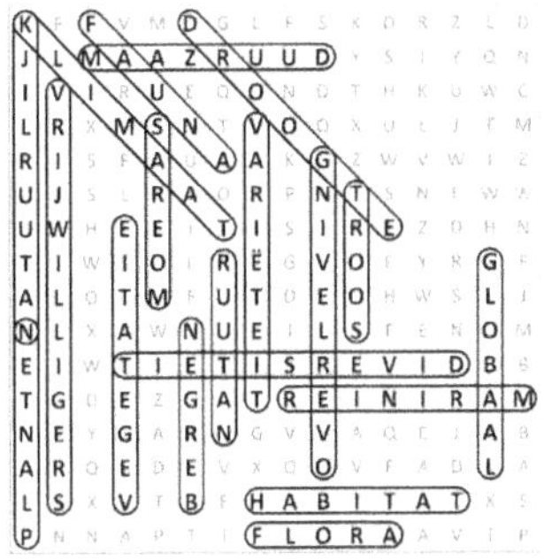

50 - Família

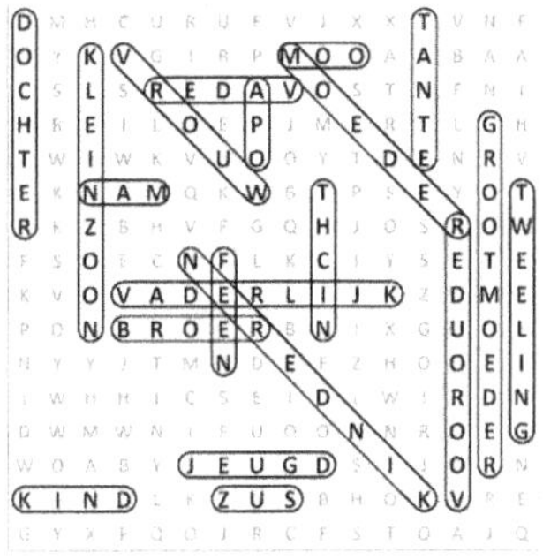

51 - Férias #2

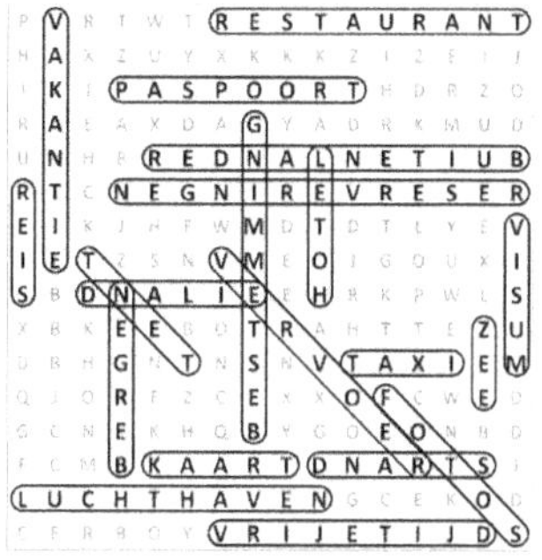

52 - Edifícios

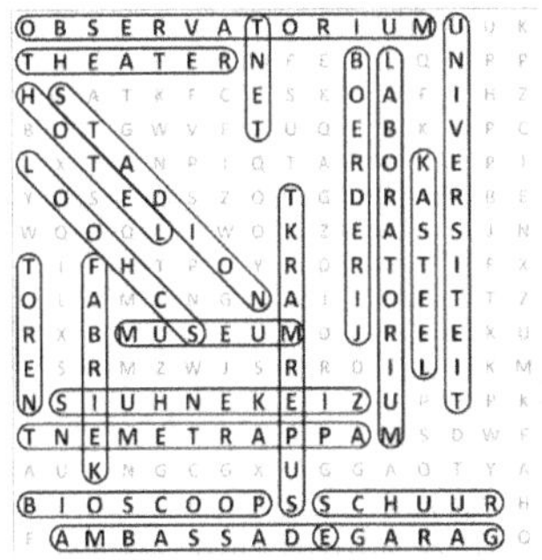

53 - Xadrez

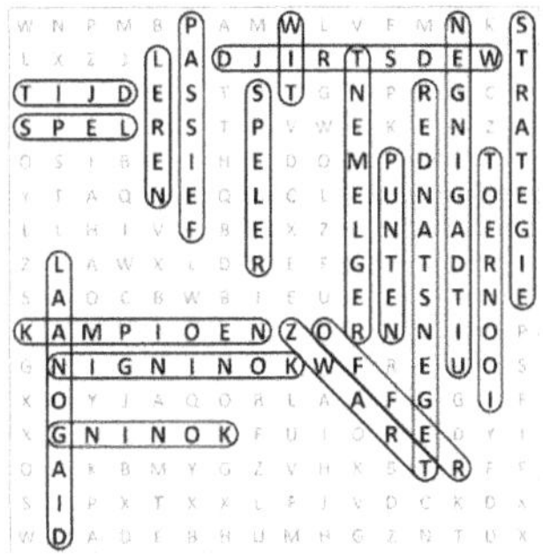

54 - Aventura

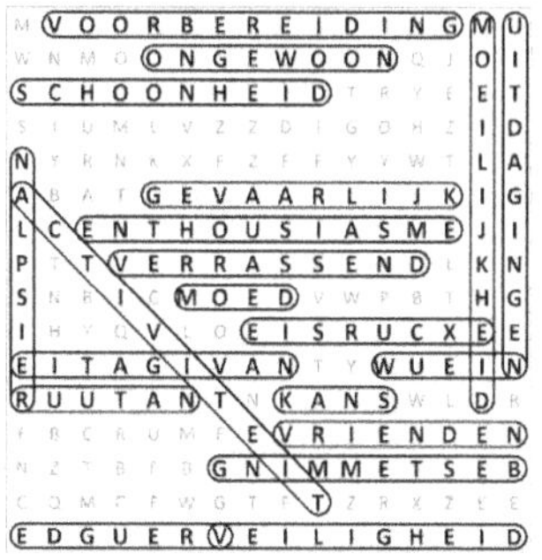

55 - Floresta Tropical

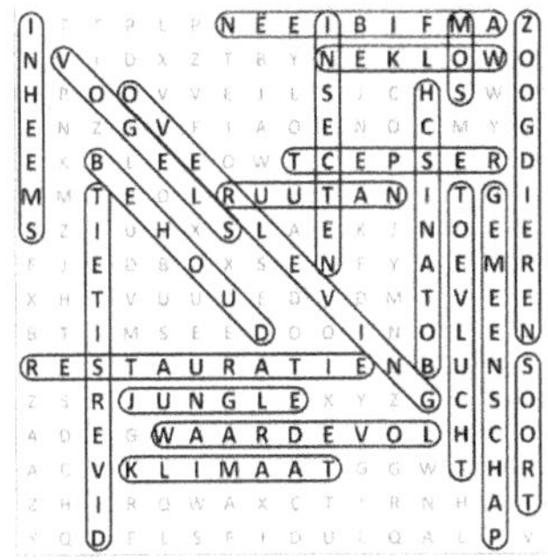

56 - Cidade

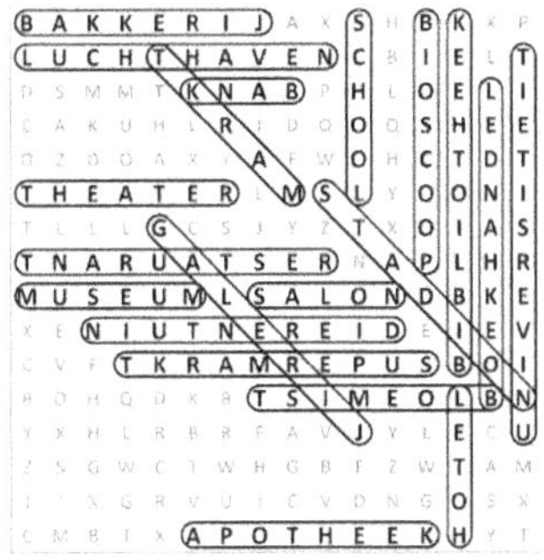

57 - Música

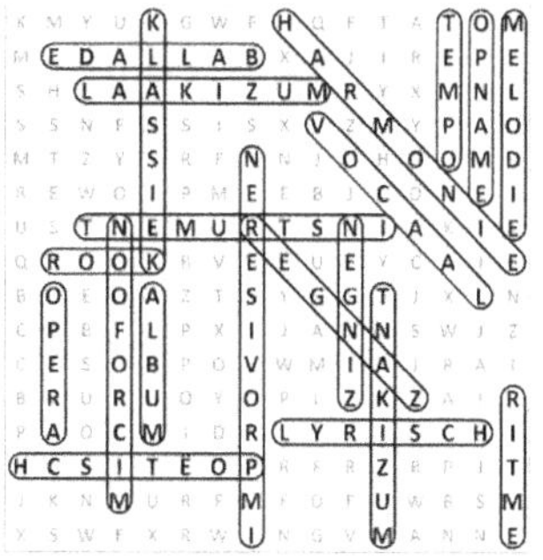

58 - Matemática

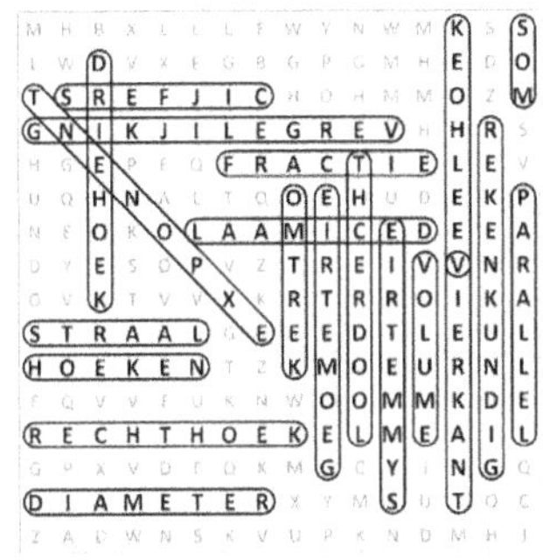

59 - Saúde e Bem Estar #1

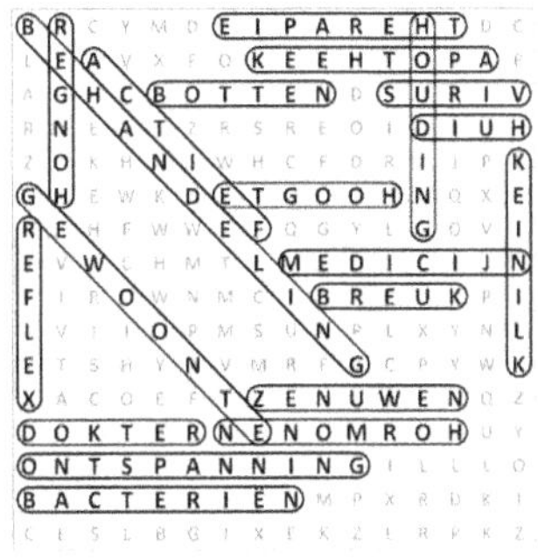

60 - Imigração

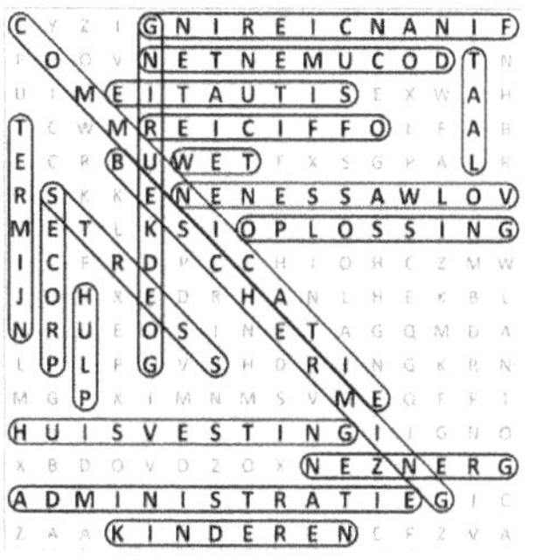

61 - Natureza

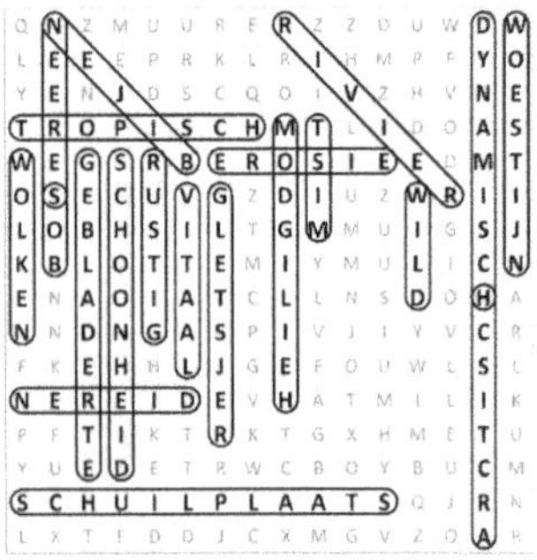

62 - Doença

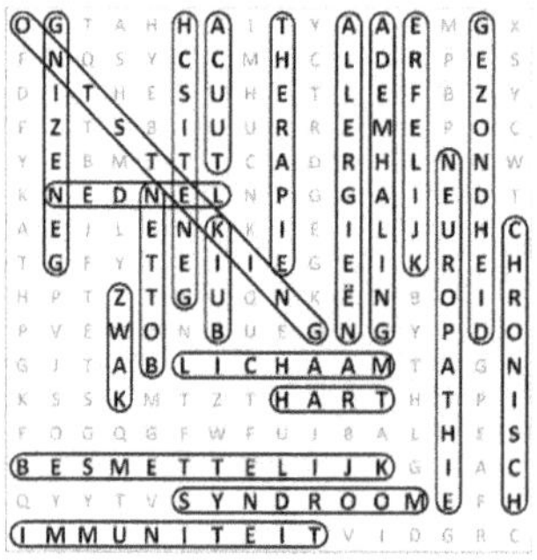

63 - Aquecimento Global

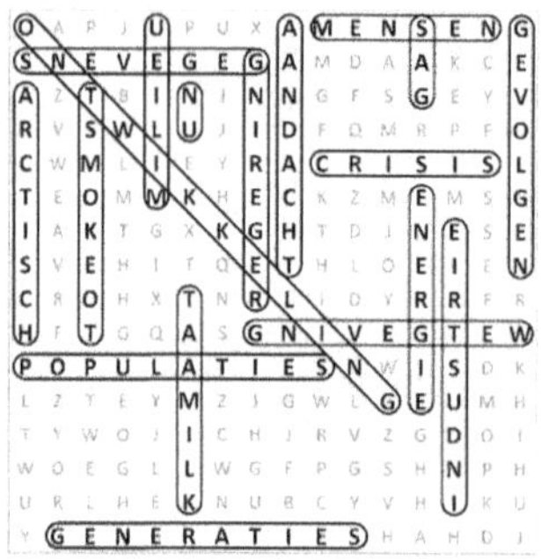

64 - Aviões

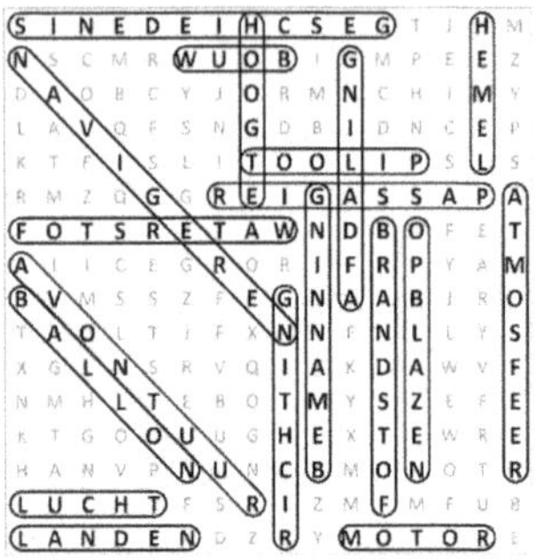

65 - Tipos de Cabelo

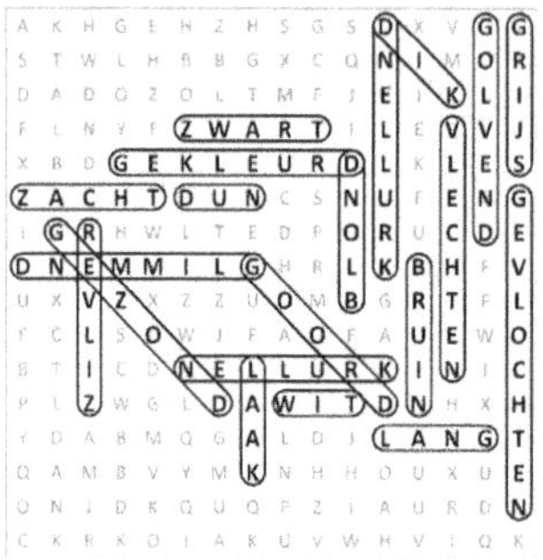

66 - Criatividade

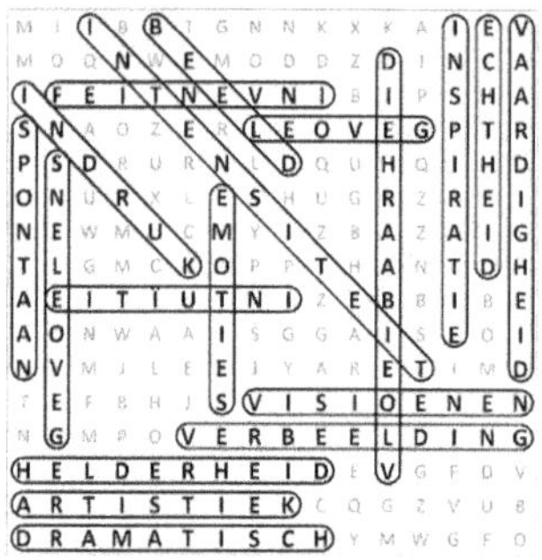

67 - Dias e Meses

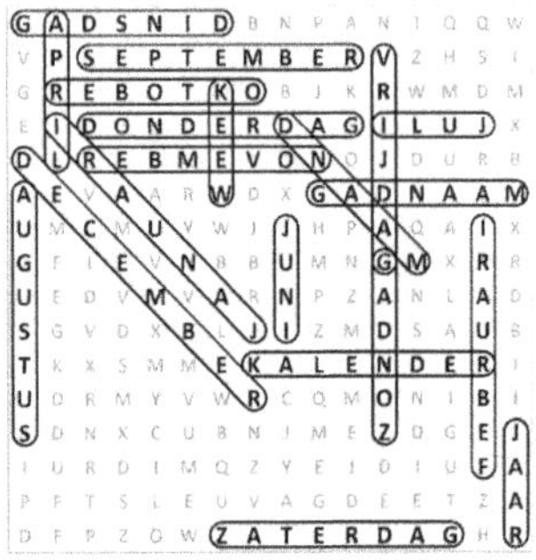

68 - Saúde e Bem Estar #2

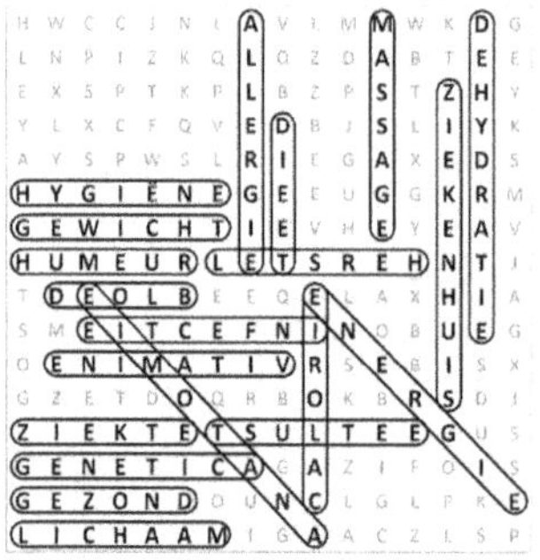

69 - Geografia

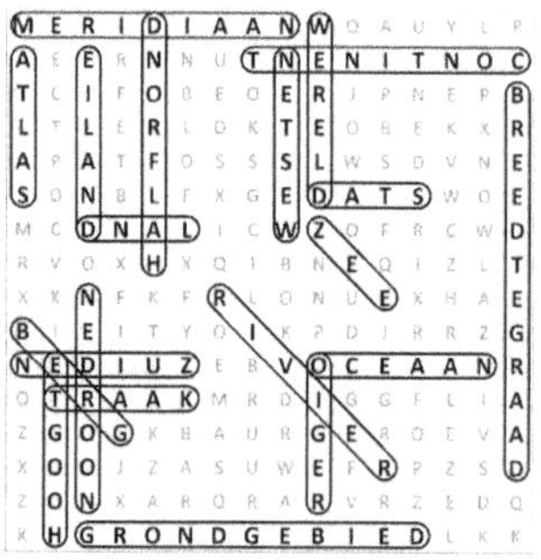

70 - Antártica

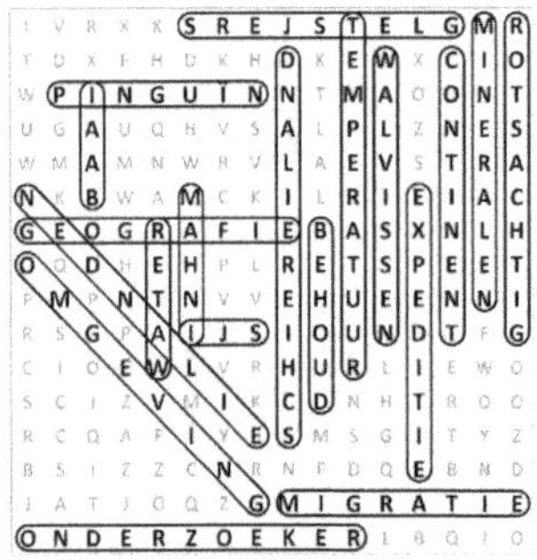

71 - Flores

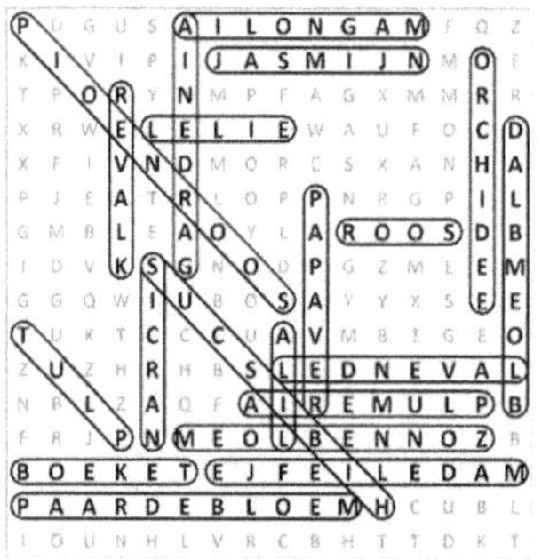

72 - Fazenda #1

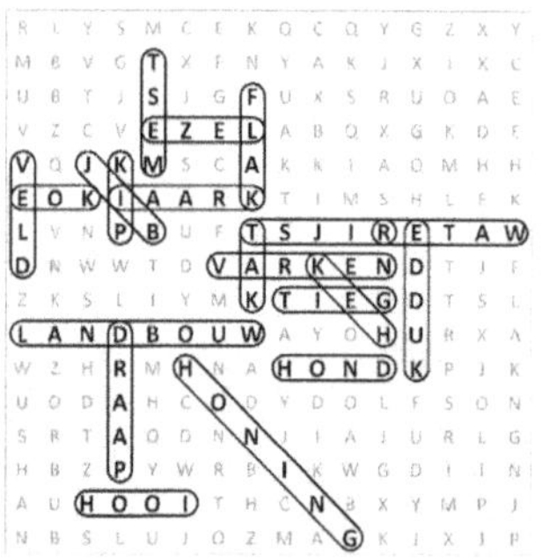

73 - Livros

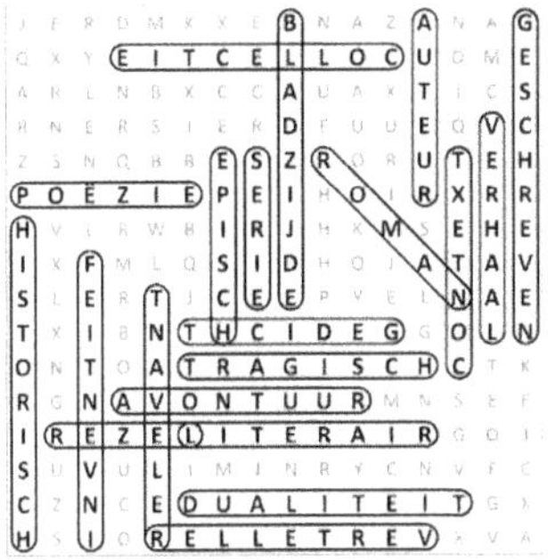

74 - Chocolate

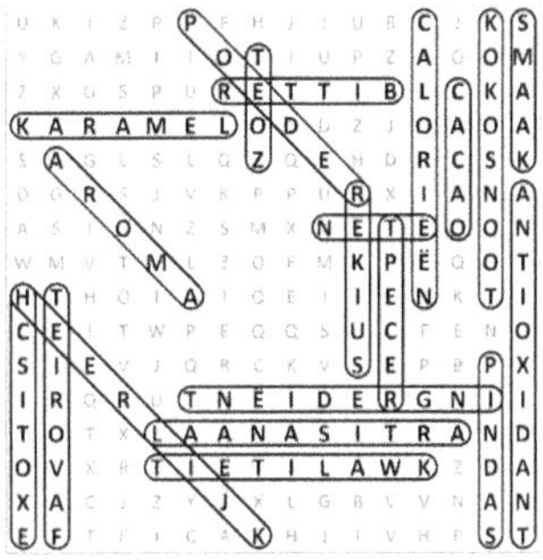

75 - Governo

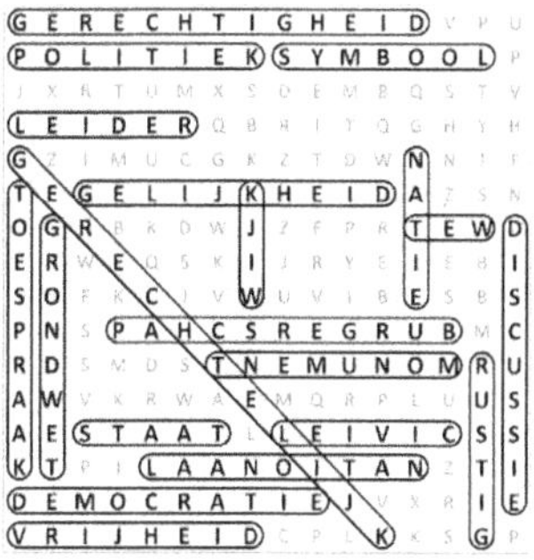

76 - Jardinagem

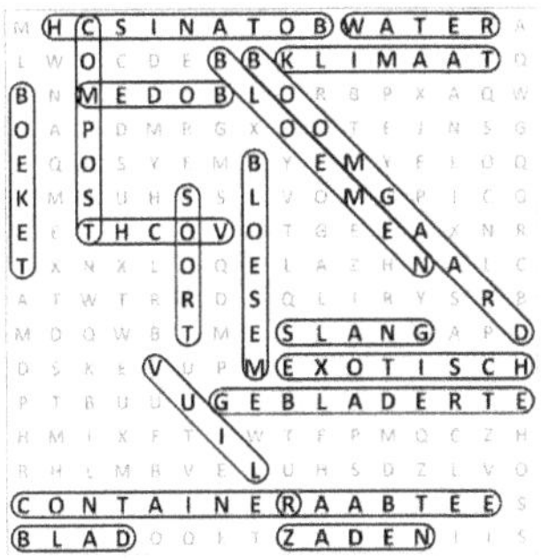

77 - Profissões #2

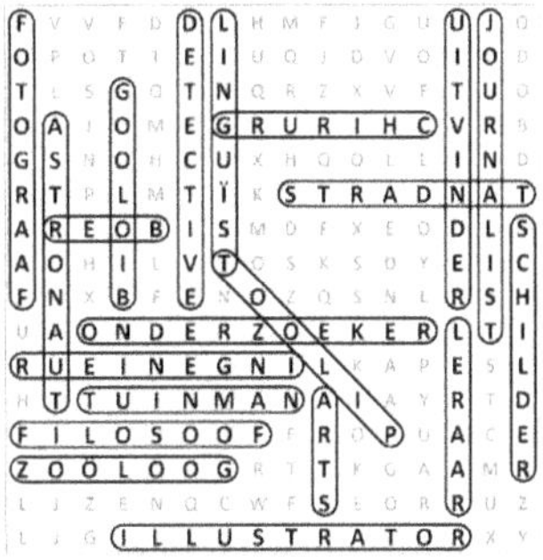

78 - Café

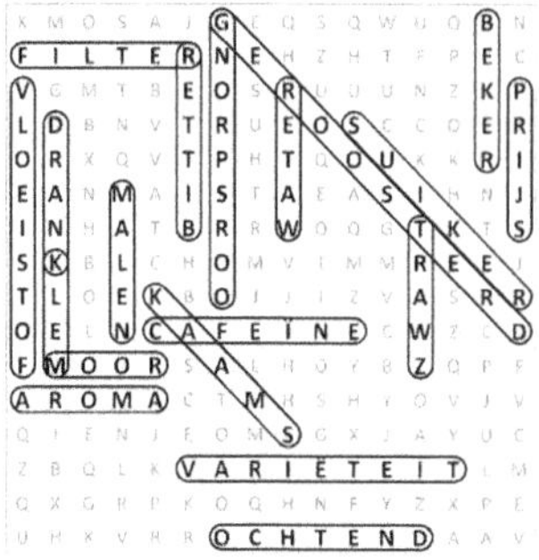

79 - Negócios

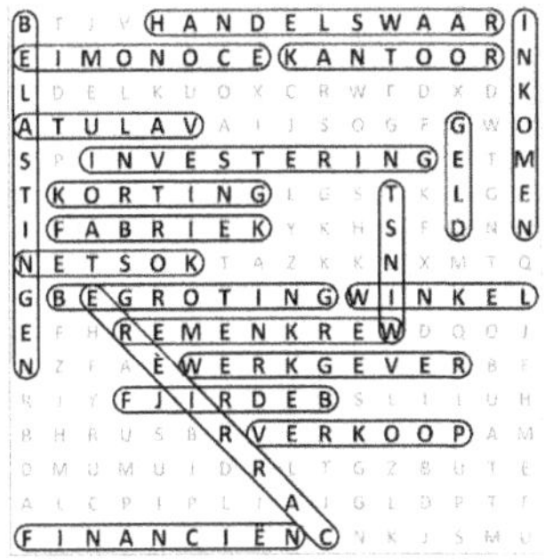

80 - Fazenda #2

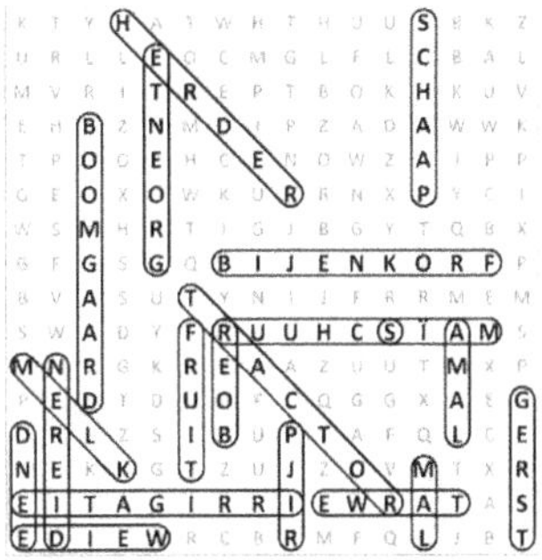

81 - Jardim

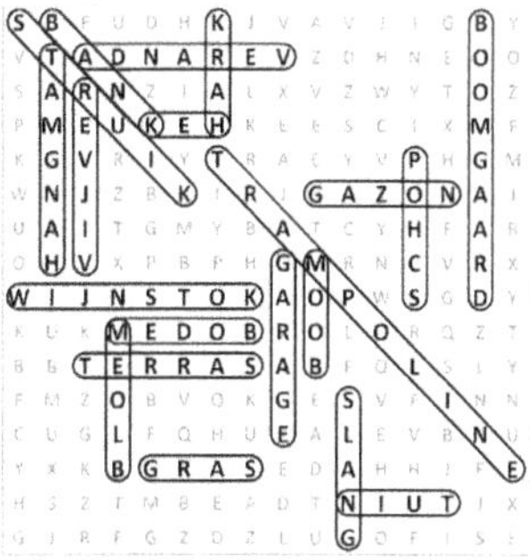

82 - Oceano

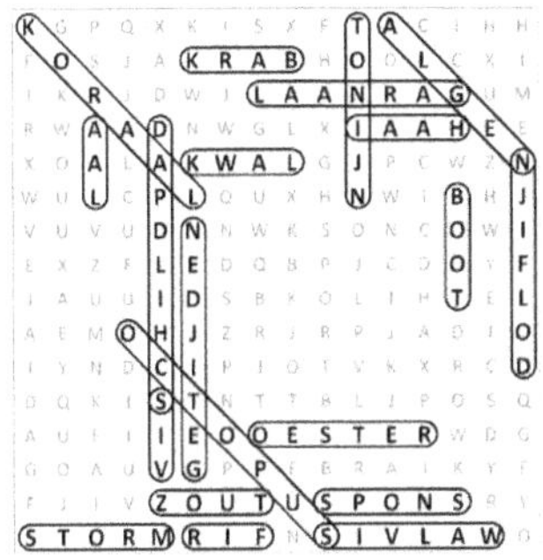

83 - Profissões #1

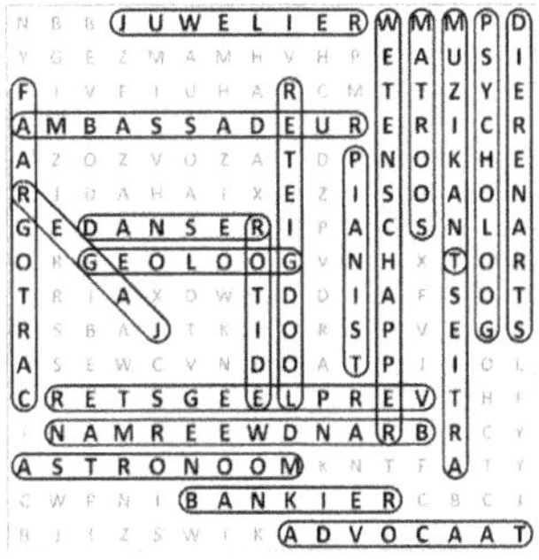

84 - Força e Gravidade

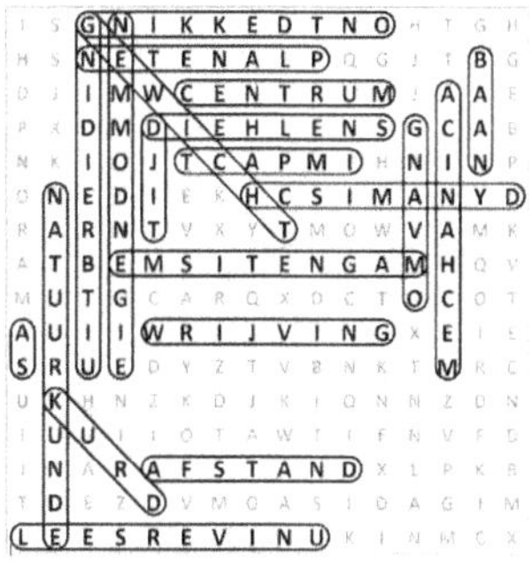

85 - Abelhas

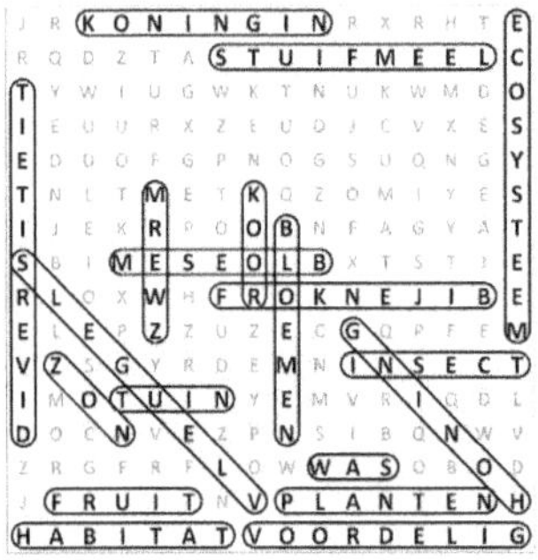

86 - Ciência

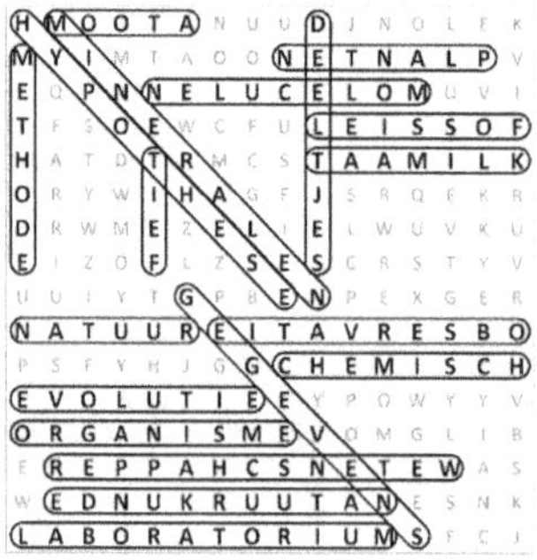

87 - Comida #1

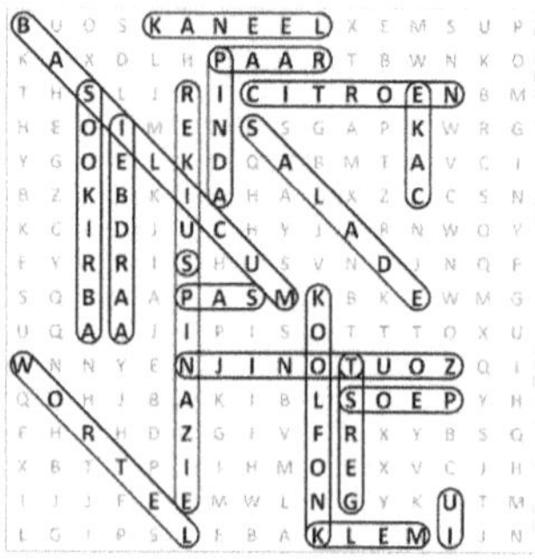

88 - Geometria

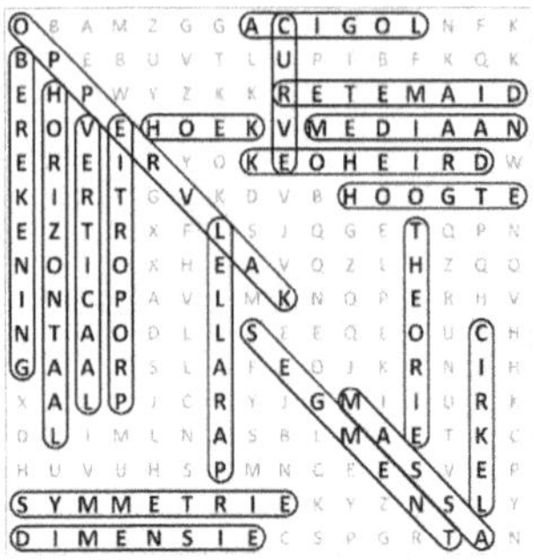

89 - Pássaros

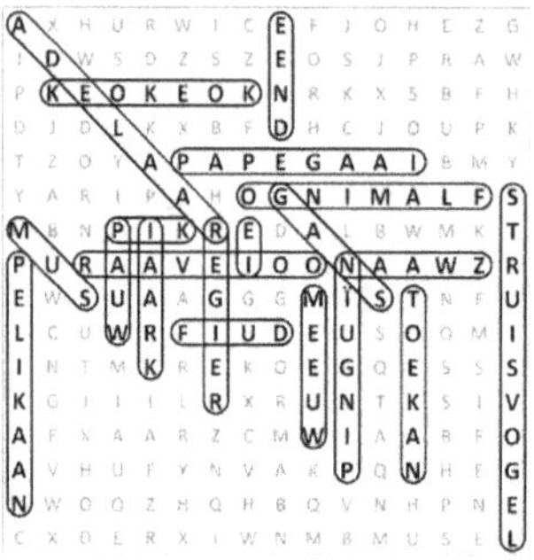

90 - Literatura

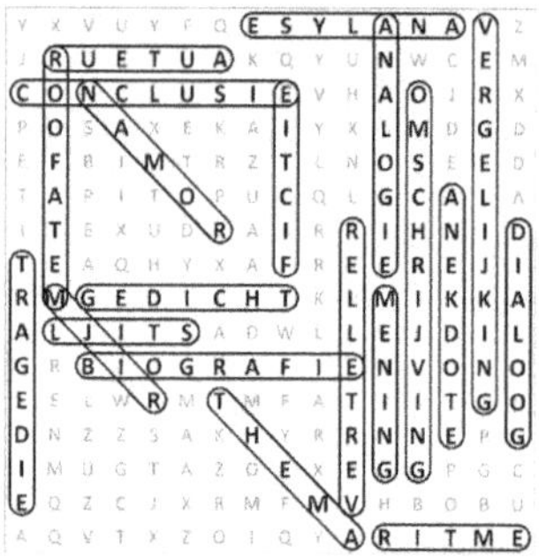

91 - Química

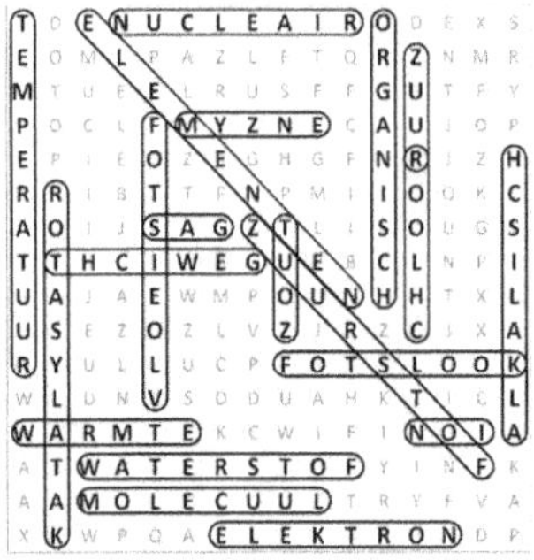

92 - Clima

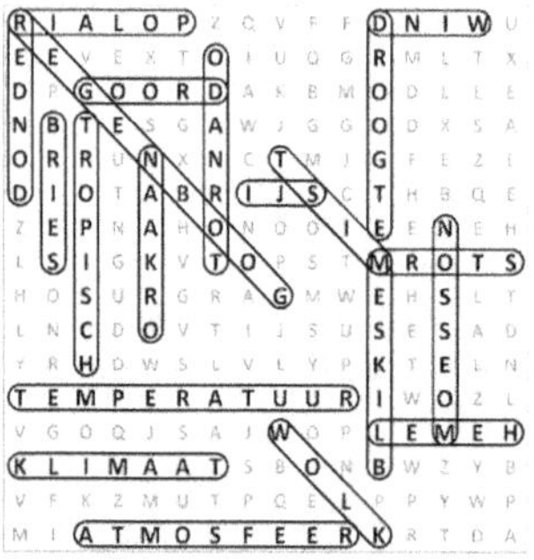

93 - Arte

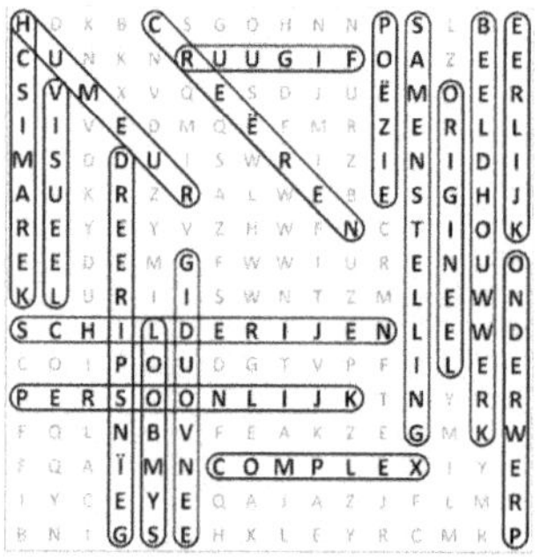

94 - Diplomacia

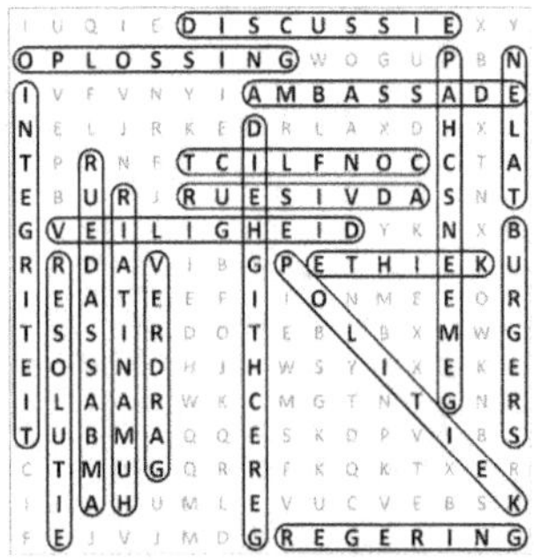

95 - Comida # 2

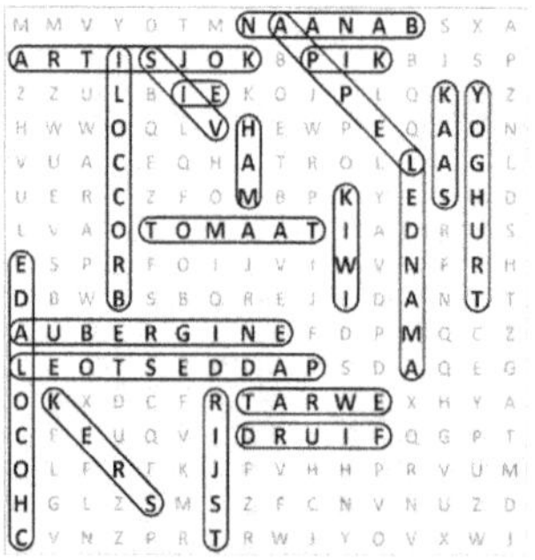

96 - Universo

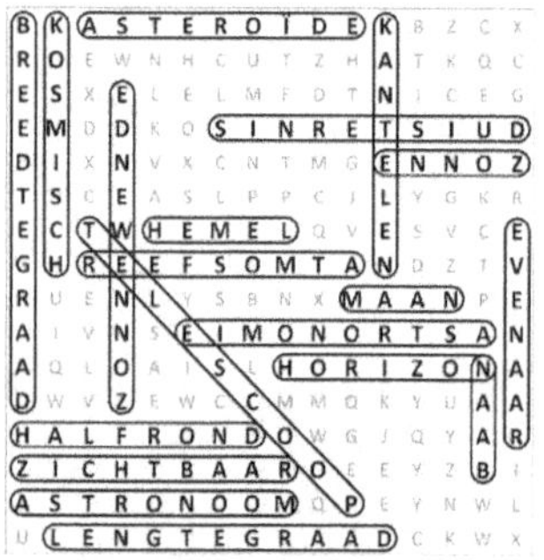

97 - Jazz

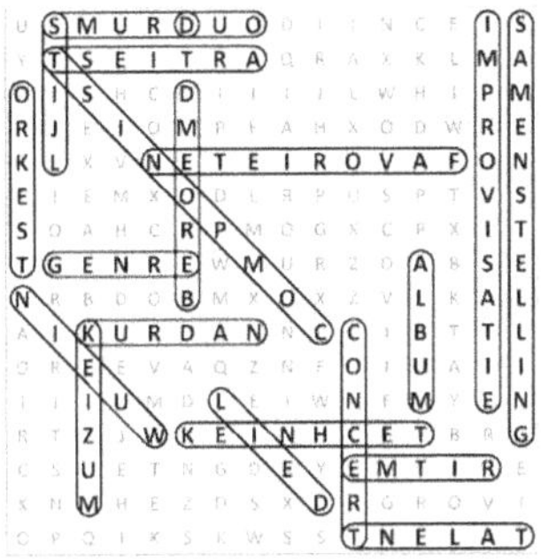

98 - Barcos

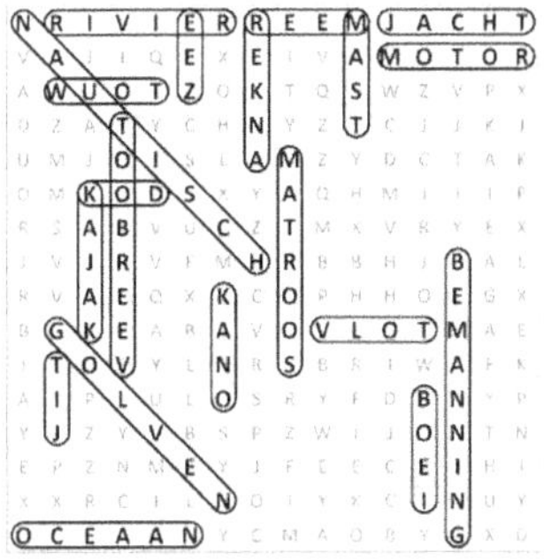

99 - Mamíferos

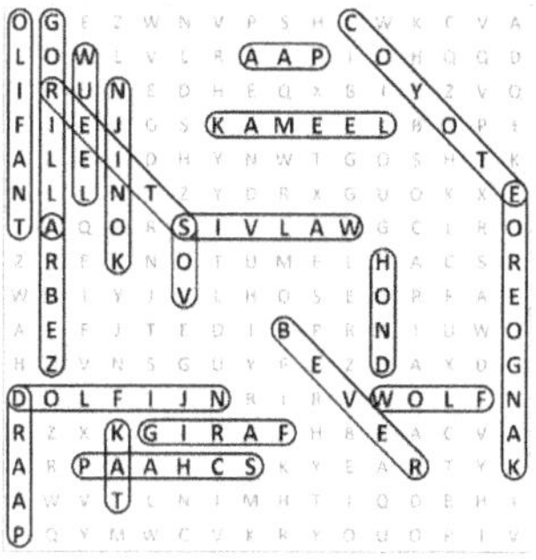

100 - Atividades e Lazer

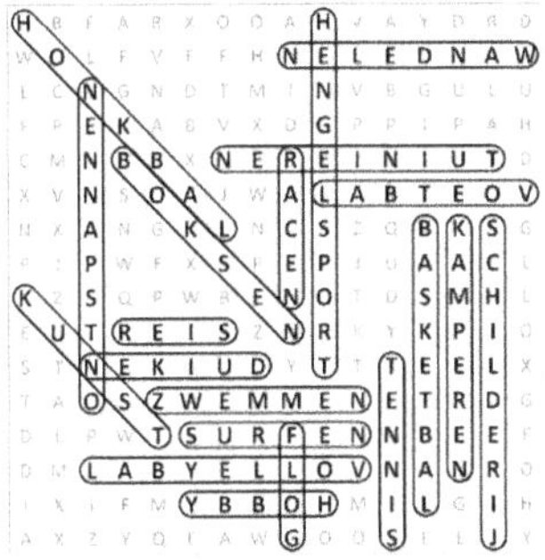

Dicionário

A Mídia
De Media

Atitudes	Houding
Comercial	Commercieel
Comunicação	Communicatie
Digital	Digitaal
Edição	Editie
Educação	Onderwijs
Fatos	Feiten
Financiamento	Financiering
Fotos	Foto'S
Individual	Individueel
Indústria	Industrie
Intelectual	Intellectueel
Jornais	Kranten
Local	Lokaal
Online	Online
Opinião	Mening
Público	Publiek
Rádio	Radio
Rede	Netwerk
Televisão	Televisie

Abelhas
Bijen

Asas	Vleugels
Benéfico	Voordelig
Cera	Was
Colmeia	Bijenkorf
Diversidade	Diversiteit
Ecossistema	Ecosysteem
Enxame	Zwerm
Flor	Bloesem
Flores	Bloemen
Fruta	Fruit
Fumaça	Rook
Habitat	Habitat
Inseto	Insect
Jardim	Tuin
Mel	Honing
Plantas	Planten
Pólen	Stuifmeel
Rainha	Koningin
Sol	Zon

Acampamento
Camping

Animais	Dieren
Aventura	Avontuur
Árvores	Bomen
Bússola	Kompas
Cabine	Cabine
Caça	Jacht
Canoa	Kano
Chapéu	Hoed
Corda	Touw
Equipamento	Apparatuur
Floresta	Bos
Fogo	Brand
Inseto	Insect
Lago	Meer
Lua	Maan
Maca	Hangmat
Mapa	Kaart
Montanha	Berg
Natureza	Natuur
Tenda	Tent

Adjetivos #1
Bijvoeglijke Naamwoorden

Absoluto	Absoluut
Aromático	Aromatisch
Artístico	Artistiek
Atraente	Aantrekkelijk
Enorme	Enorm
Escuro	Donker
Exótico	Exotisch
Fino	Dun
Generoso	Gul
Grande	Groot
Honesto	Eerlijk
Idêntico	Identiek
Importante	Belangrijk
Lento	Langzaam
Misterioso	Mysterieus
Moderno	Modern
Perfeito	Perfect
Pesado	Zwaar
Sério	Ernstig
Valioso	Waardevol

Adjetivos #2
Bijvoeglijke Naamwoorden

Autêntico	Authentiek
Criativo	Creatief
Descritivo	Beschrijvend
Dotado	Begaafd
Elegante	Elegant
Famoso	Beroemd
Forte	Sterk
Grosso	Dik
Interessante	Interessant
Natural	Natuurlijk
Normal	Normaal
Novo	Nieuw
Orgulhoso	Trots
Produtivo	Productief
Puro	Zuiver
Quente	Heet
Salgado	Zout
Saudável	Gezond
Seco	Droog
Selvagem	Wild

Agronomia
Agronomie

Agricultura	Landbouw
Ambiente	Omgeving
Água	Water
Ciência	Wetenschap
Crescimento	Groei
Doenças	Ziekten
Ecologia	Ecologie
Energia	Energie
Erosão	Erosie
Fertilizante	Mest
Identificação	Identificatie
Legumes	Groente
Orgânico	Organisch
Plantas	Planten
Poluição	Vervuiling
Produção	Productie
Rural	Landelijk
Sementes	Zaden
Sistemas	Systemen
Solo	Bodem

Antártica
Antarctica

Ambiente	Omgeving
Água	Water
Baía	Baai
Baleias	Walvissen
Conservação	Behoud
Continente	Continent
Enseada	Inham
Expedição	Expeditie
Geleiras	Gletsjers
Gelo	Ijs
Geografia	Geografie
Ilhas	Eilanden
Investigador	Onderzoeker
Migração	Migratie
Minerais	Mineralen
Península	Schiereiland
Pinguins	Pinguïn
Rochoso	Rotsachtig
Temperatura	Temperatuur
Topografia	Topografie

Antiguidades
Antiek

Arte	Kunst
Autêntico	Authentiek
Decorativo	Decoratief
Elegante	Elegant
Entusiasta	Liefhebber
Escultura	Beeldhouwwerk
Estilo	Stijl
Galeria	Galerij
Incomum	Ongewoon
Investimento	Investering
Item	Item
Leilão	Veiling
Mobiliário	Meubilair
Moedas	Munten
Preço	Prijs
Qualidade	Kwaliteit
Restauração	Restauratie
Século	Eeuw
Valor	Waarde
Velho	Oud

Aquecimento Global
Opwarming van de Aarde

Agora	Nu
Ambiental	Milieu
Atenção	Aandacht
Ártico	Arctisch
Cientista	Wetenschapper
Clima	Klimaat
Consequências	Gevolgen
Crise	Crisis
Dados	Gegevens
Desenvolvimento	Ontwikkeling
Energia	Energie
Futuro	Toekomst
Gás	Gas
Gerações	Generaties
Governo	Regering
Humanos	Mensen
Indústria	Industrie
Legislação	Wetgeving
Populações	Populaties
Temperaturas	Temperaturen

Arqueologia
Archeologie

Análise	Analyse
Anos	Jaren
Antiguidade	Oudheid
Avaliação	Evaluatie
Civilização	Beschaving
Descendente	Nakomeling
Desconhecido	Onbekend
Equipe	Team
Era	Tijdperk
Especialista	Deskundige
Esquecido	Vergeten
Fóssil	Fossiel
Investigador	Onderzoeker
Mistério	Mysterie
Objetos	Objecten
Ossos	Botten
Professor	Professor
Relíquia	Relikwie
Templo	Tempel
Túmulo	Graf

Arte
Kunst

Cerâmica	Keramisch
Complexo	Complex
Composição	Samenstelling
Criar	Creëren
Escultura	Beeldhouwwerk
Expressão	Uitdrukking
Figura	Figuur
Honesto	Eerlijk
Humor	Humeur
Inspirado	Geïnspireerd
Original	Origineel
Pessoal	Persoonlijk
Pinturas	Schilderijen
Poesia	Poëzie
Retratar	Portretteren
Simples	Eenvoudig
Símbolo	Symbool
Sujeito	Onderwerp
Surrealismo	Surrealisme
Visual	Visueel

Artes Visuais
Beeldende Kunsten

Argila	Klei
Arquitetura	Architectuur
Artista	Artiest
Caneta	Pen
Cavalete	Ezel
Cera	Was
Cerâmica	Keramiek
Composição	Samenstelling
Criatividade	Creativiteit
Escultura	Beeldhouwwerk
Estêncil	Stencil
Filme	Film
Fotografia	Foto
Giz	Krijt
Lápis	Potlood
Obra-Prima	Meesterwerk
Perspectiva	Perspectief
Pintura	Schilderij
Retrato	Portret
Verniz	Vernis

Astronomia

Astronomie

Asteróide	Asteroïde
Astronauta	Astronaut
Astrônomo	Astronoom
Céu	Hemel
Constelação	Sterrenbeeld
Cosmos	Kosmos
Eclipse	Verduistering
Equinócio	Equinox
Foguete	Raket
Gravidade	Zwaartekracht
Lua	Maan
Meteoro	Meteoor
Nebulosa	Nevel
Observatório	Observatorium
Planeta	Planeet
Radiação	Straling
Solar	Zonne
Supernova	Supernova
Terra	Aarde
Universo	Universum

Atividades e Lazer

Activiteiten en Vrije Ti

Acampamento	Kamperen
Arte	Kunst
Basquete	Basketbal
Beisebol	Honkbal
Boxe	Boksen
Caminhada	Wandelen
Corrida	Racen
Futebol	Voetbal
Golfe	Golf
Hobbies	Hobby
Jardinagem	Tuinieren
Mergulho	Duiken
Natação	Zwemmen
Pesca	Hengelsport
Pintura	Schilderij
Relaxante	Ontspannen
Surfe	Surfen
Tênis	Tennis
Viagem	Reis
Voleibol	Volleybal

Aventura

Avontuur

Alegria	Vreugde
Amigos	Vrienden
Atividade	Activiteit
Beleza	Schoonheid
Bravura	Moed
Chance	Kans
Desafios	Uitdagingen
Destino	Bestemming
Dificuldade	Moeilijkheid
Entusiasmo	Enthousiasme
Excursão	Excursie
Incomum	Ongewoon
Itinerário	Reisplan
Natureza	Natuur
Navegação	Navigatie
Novo	Nieuw
Perigoso	Gevaarlijk
Preparação	Voorbereiding
Segurança	Veiligheid
Surpreendente	Verrassend

Aviões

Vliegtuigen

Altura	Hoogte
Ar	Lucht
Aterrissagem	Landen
Atmosfera	Atmosfeer
Aventura	Avontuur
Balão	Ballon
Céu	Hemel
Combustível	Brandstof
Construção	Bouw
Descida	Afdaling
Direção	Richting
Hidrogênio	Waterstof
História	Geschiedenis
Inflar	Opblazen
Motor	Motor
Navegar	Navigeren
Passageiro	Passagier
Piloto	Piloot
Tripulação	Bemanning
Turbulência	Turbulentie

Álgebra

Algebra

Diagrama	Diagram
Divisão	Divisie
Equação	Vergelijking
Expoente	Exponent
Falso	Vals
Fator	Factor
Fórmula	Formule
Fração	Fractie
Infinito	Oneindig
Linear	Lineair
Matriz	Matrix
Número	Nummer
Parêntese	Haakje
Problema	Probleem
Quantidade	Hoeveelheid
Solução	Oplossing
Soma	Som
Subtração	Aftrekken
Variável	Variabele
Zero	Nul

Balé

Ballet

Aplauso	Applaus
Artístico	Artistiek
Bailarina	Ballerina
Compositor	Componist
Coreografia	Choreografie
Dançarinos	Dansers
Ensaio	Repetitie
Estilo	Stijl
Expressivo	Expressief
Gesto	Gebaar
Gracioso	Sierlijk
Habilidade	Vaardigheid
Intensidade	Intensiteit
Música	Muziek
Orquestra	Orkest
Prática	Praktijk
Público	Publiek
Ritmo	Ritme
Solo	Solo
Técnica	Techniek

Barcos
Boten

Âncora	Anker
Balsa	Veerboot
Bóia	Boei
Caiaque	Kajak
Canoa	Kano
Corda	Touw
Doca	Dok
Iate	Jacht
Jangada	Vlot
Lago	Meer
Mar	Zee
Maré	Tij
Marinheiro	Matroos
Mastro	Mast
Motor	Motor
Náutico	Nautisch
Oceano	Oceaan
Ondas	Golven
Rio	Rivier
Tripulação	Bemanning

Beleza
Schoonheid

Batom	Lippenstift
Cachos	Krullen
Charme	Charme
Cor	Kleur
Cosméticos	Cosmetica
Elegante	Elegant
Elegância	Elegantie
Espelho	Spiegel
Estilista	Stilist
Fotogênico	Fotogeniek
Fragrância	Geur
Graça	Genade
Maquiagem	Verzinnen
Óleos	Oliën
Pele	Huid
Produtos	Producten
Rímel	Mascara
Serviços	Diensten
Tesoura	Schaar
Xampu	Shampoo

Biologia
Biologie

Anatomia	Anatomie
Bactérias	Bacteriën
Célula	Cel
Colagénio	Collageen
Cromossoma	Chromosoom
Embrião	Embryo
Enzima	Enzym
Evolução	Evolutie
Fotossíntese	Fotosynthese
Hormona	Hormoon
Mamífero	Zoogdier
Mutação	Mutatie
Natural	Natuurlijk
Nervo	Zenuw
Neurônio	Neuron
Osmose	Osmose
Proteína	Eiwit
Réptil	Reptiel
Simbiose	Symbiose
Sinapse	Synaps

Café
Koffie

Açúcar	Suiker
Amargo	Bitter
Aroma	Aroma
Assado	Geroosterd
Água	Water
Bebida	Drank
Cafeína	Cafeïne
Copa	Beker
Creme	Room
Filtro	Filter
Leite	Melk
Líquido	Vloeistof
Manhã	Ochtend
Moer	Malen
Origem	Oorsprong
Preço	Prijs
Preto	Zwart
Sabor	Smaak
Variedade	Variëteit

Caminhada
Wandelen

Acampamento	Kamperen
Animais	Dieren
Água	Water
Botas	Laarzen
Cansado	Moe
Clima	Klimaat
Guias	Gidsen
Mapa	Kaart
Montanha	Berg
Natureza	Natuur
Orientação	Oriëntatie
Parques	Parken
Pedras	Stenen
Penhasco	Klif
Perigos	Gevaren
Pesado	Zwaar
Preparação	Voorbereiding
Selvagem	Wild
Sol	Zon
Tempo	Weer

Casa
Huis

Biblioteca	Bibliotheek
Cerca	Hek
Chaves	Sleutels
Chuveiro	Douche
Cortinas	Gordijnen
Cozinha	Keuken
Espelho	Spiegel
Garagem	Garage
Janela	Raam
Jardim	Tuin
Lareira	Haard
Mobiliário	Meubilair
Parede	Muur
Porta	Deur
Quarto	Kamer
Sótão	Zolder
Tapete	Tapijt
Teto	Plafond
Torneira	Kraan
Vassoura	Bezem

Chocolate
Chocolade

Açúcar	Suiker
Amargo	Bitter
Amendoins	Pinda'S
Antioxidante	Antioxidant
Aroma	Aroma
Artesanal	Artisanaal
Cacau	Cacao
Calorias	Calorieën
Caramelo	Karamel
Coco	Kokosnoot
Comer	Eten
Delicioso	Heerlijk
Doce	Zoet
Exótico	Exotisch
Favorito	Favoriet
Gosto	Smaak
Ingrediente	Ingrediënt
Pó	Poeder
Qualidade	Kwaliteit
Receita	Recept

Churrascos
Barbecues

Almoço	Lunch
Convite	Uitnodiging
Crianças	Kinderen
Facas	Messen
Família	Familie
Fome	Honger
Frango	Kip
Fruta	Fruit
Grelha	Grill
Jantar	Diner
Jogos	Games
Legumes	Groente
Molho	Saus
Música	Muziek
Pimenta	Peper
Quente	Heet
Sal	Zout
Saladas	Salades
Tomates	Tomaten
Verão	Zomer

Cidade
Stad

Aeroporto	Luchthaven
Banco	Bank
Biblioteca	Bibliotheek
Cinema	Bioscoop
Escola	School
Estádio	Stadion
Farmácia	Apotheek
Florista	Bloemist
Galeria	Galerij
Hotel	Hotel
Jardim Zoológico	Dierentuin
Livraria	Boekhandel
Mercado	Markt
Museu	Museum
Padaria	Bakkerij
Restaurante	Restaurant
Salão	Salon
Supermercado	Supermarkt
Teatro	Theater
Universidade	Universiteit

Ciência
Wetenschap

Átomo	Atoom
Cientista	Wetenschapper
Clima	Klimaat
Dados	Gegevens
Evolução	Evolutie
Fato	Feit
Física	Natuurkunde
Fóssil	Fossiel
Gravidade	Zwaartekracht
Hipótese	Hypothese
Laboratório	Laboratorium
Método	Methode
Minerais	Mineralen
Moléculas	Moleculen
Natureza	Natuur
Observação	Observatie
Organismo	Organisme
Partículas	Deeltjes
Plantas	Planten
Químico	Chemisch

Clima
Weersomstandigheden

Arco-Íris	Regenboog
Atmosfera	Atmosfeer
Brisa	Bries
Céu	Hemel
Clima	Klimaat
Furacão	Orkaan
Gelo	Ijs
Monção	Moesson
Nevoeiro	Mist
Nuvem	Wolk
Polar	Polair
Relâmpago	Bliksem
Seca	Droogte
Seco	Droog
Temperatura	Temperatuur
Tempestade	Storm
Tornado	Tornado
Tropical	Tropisch
Trovão	Donder
Vento	Wind

Comida # 2
Eten #2

Alcachofra	Artisjok
Amêndoa	Amandel
Arroz	Rijst
Banana	Banaan
Beringela	Aubergine
Brócolis	Broccoli
Cereja	Kers
Chocolate	Chocolade
Cogumelo	Paddestoel
Frango	Kip
Iogurte	Yoghurt
Kiwi	Kiwi
Maçã	Appel
Ovo	Ei
Peixe	Vis
Presunto	Ham
Queijo	Kaas
Tomate	Tomaat
Trigo	Tarwe
Uva	Druif

Comida #1

Eten #1

Açúcar	Suiker
Alho	Knoflook
Amendoim	Pinda
Atum	Tonijn
Bolo	Cake
Canela	Kaneel
Cebola	Ui
Cenoura	Wortel
Cevada	Gerst
Damasco	Abrikoos
Espinafre	Spinazie
Leite	Melk
Limão	Citroen
Manjericão	Basilicum
Morango	Aardbei
Nabo	Raap
Sal	Zout
Salada	Salade
Sopa	Soep
Suco	Sap

Corpo Humano

Menselijk Lichaam

Boca	Mond
Cabeça	Hoofd
Cérebro	Hersenen
Coração	Hart
Cotovelo	Elleboog
Dedo	Vinger
Joelho	Knie
Mandíbula	Kaak
Mão	Hand
Nariz	Neus
Olho	Oog
Ombro	Schouder
Orelha	Oor
Pele	Huid
Perna	Been
Pescoço	Nek
Queixo	Kin
Sangue	Bloed
Testa	Voorhoofd
Tornozelo	Enkel

Cozinha

Keuken

Avental	Schort
Chaleira	Ketel
Colheres	Lepels
Comer	Eten
Concha	Pollepel
Cups	Cup
Especiarias	Specerijen
Esponja	Spons
Facas	Messen
Forno	Oven
Freezer	Vriezer
Garfos	Vorken
Geladeira	Koelkast
Grelha	Grill
Guardanapo	Servet
Jar	Pot
Jarro	Kruik
Pauzinhos	Eetstokjes
Receita	Recept
Tigela	Kom

Criatividade

Creativiteit

Artístico	Artistiek
Autenticidade	Echtheid
Clareza	Helderheid
Dramático	Dramatisch
Emoções	Emoties
Espontânea	Spontaan
Expressão	Uitdrukking
Fluidez	Vloeibaarheid
Habilidade	Vaardigheid
Imagem	Beeld
Imaginação	Verbeelding
Impressão	Indruk
Inspiração	Inspiratie
Intensidade	Intensiteit
Intuição	Intuïtie
Inventivo	Inventief
Sensação	Gevoel
Sentimentos	Gevoelens
Visões	Visioenen
Vitalidade	Vitaliteit

Dança

Dans

Academia	Academie
Alegre	Blij
Arte	Kunst
Clássico	Klassiek
Coreografia	Choreografie
Corpo	Lichaam
Cultura	Cultuur
Cultural	Cultureel
Emoção	Emotie
Ensaio	Repetitie
Expressivo	Expressief
Graça	Genade
Movimento	Beweging
Música	Muziek
Parceiro	Partner
Postura	Houding
Ritmo	Ritme
Saltar	Springen
Tradicional	Traditioneel
Visual	Visueel

Dias e Meses

Dagen en Maanden

Abril	April
Agosto	Augustus
Ano	Jaar
Calendário	Kalender
Dezembro	December
Domingo	Zondag
Fevereiro	Februari
Janeiro	Januari
Julho	Juli
Junho	Juni
Mês	Maand
Novembro	November
Outubro	Oktober
Quinta-Feira	Donderdag
Sábado	Zaterdag
Segunda-Feira	Maandag
Semana	Week
Setembro	September
Sexta-Feira	Vrijdag
Terça	Dinsdag

Diplomacia
Diplomatie

Cidadãos	Burgers
Comunidade	Gemeenschap
Conflito	Conflict
Consultor	Adviseur
Cooperação	Samenwerking
Diplomático	Diplomatiek
Discussão	Discussie
Embaixada	Ambassade
Embaixador	Ambassadeur
Ética	Ethiek
Governo	Regering
Humanitário	Humanitair
Integridade	Integriteit
Justiça	Gerechtigheid
Línguas	Talen
Política	Politiek
Resolução	Resolutie
Segurança	Veiligheid
Solução	Oplossing
Tratado	Verdrag

Dirigindo
Rijden

Acidente	Ongeluk
Caminhão	Vrachtauto
Carro	Auto
Combustível	Brandstof
Estrada	Weg
Freios	Remmen
Garagem	Garage
Gás	Gas
Licença	Licentie
Mapa	Kaart
Motocicleta	Motorfiets
Motor	Motor
Pedestre	Voetganger
Perigo	Gevaar
Polícia	Politie
Rua	Straat
Segurança	Veiligheid
Transporte	Vervoer
Tráfego	Verkeer
Túnel	Tunnel

Disciplinas Científicas
Wetenschappelijke Discip

Anatomia	Anatomie
Arqueologia	Archeologie
Astronomia	Astronomie
Biologia	Biologie
Bioquímica	Biochemie
Botânica	Plantkunde
Cinesiologia	Kinesiologie
Ecologia	Ecologie
Fisiologia	Fysiologie
Geologia	Geologie
Imunologia	Immunologie
Linguística	Taalkunde
Mecânica	Mechanica
Meteorologia	Meteorologie
Mineralogia	Mineralogie
Neurologia	Neurologie
Psicologia	Psychologie
Química	Chemie
Sociologia	Sociologie
Zoologia	Zoölogie

Doença
Ziekte

Abdominal	Buik
Agudo	Acuut
Alergias	Allergieën
Contagioso	Besmettelijk
Coração	Hart
Corpo	Lichaam
Crônica	Chronisch
Cura	Genezing
Fraco	Zwak
Genético	Genetisch
Hereditário	Erfelijk
Imunidade	Immuniteit
Inflamação	Ontsteking
Lombar	Lenden-
Neuropatia	Neuropathie
Ossos	Botten
Respiratório	Ademhaling
Saúde	Gezondheid
Síndrome	Syndroom
Terapia	Therapie

Ecologia
Ecologie

Clima	Klimaat
Diversidade	Diversiteit
Espécies	Soort
Fauna	Fauna
Flora	Flora
Global	Globaal
Habitat	Habitat
Marinho	Marinier
Montanhas	Bergen
Natural	Natuurlijk
Natureza	Natuur
Pântano	Moeras
Plantas	Planten
Seca	Droogte
Sobrevivência	Overleving
Sustentável	Duurzaam
Variedade	Variëteit
Vegetação	Vegetatie
Voluntários	Vrijwilligers

Edifícios
Gebouwen

Apartamento	Appartement
Castelo	Kasteel
Celeiro	Schuur
Cinema	Bioscoop
Embaixada	Ambassade
Escola	School
Estádio	Stadion
Fazenda	Boerderij
Fábrica	Fabriek
Garagem	Garage
Hospital	Ziekenhuis
Hotel	Hotel
Laboratório	Laboratorium
Museu	Museum
Observatório	Observatorium
Supermercado	Supermarkt
Teatro	Theater
Tenda	Tent
Torre	Toren
Universidade	Universiteit

Energia
Energie

Ambiente	Omgeving
Bateria	Accu
Calor	Warmte
Carbono	Koolstof
Combustível	Brandstof
Diesel	Diesel
Elétrico	Elektrisch
Elétron	Elektron
Entropia	Entropie
Fóton	Foton
Gasolina	Benzine
Hidrogênio	Waterstof
Indústria	Industrie
Motor	Motor
Nuclear	Nucleair
Poluição	Vervuiling
Renovável	Hernieuwbaar
Sol	Zon
Turbina	Turbine
Vento	Wind

Engenharia
Engineering

Atrito	Wrijving
Ângulo	Hoek
Cálculo	Berekening
Construção	Bouw
Diagrama	Diagram
Diâmetro	Diameter
Diesel	Diesel
Dimensões	Dimensies
Distribuição	Distributie
Eixo	As
Energia	Energie
Estabilidade	Stabiliteit
Estrutura	Structuur
Força	Kracht
Líquido	Vloeistof
Máquina	Machine
Medição	Meting
Motor	Motor
Profundidade	Diepte
Propulsão	Voortstuwing

Especiarias
Specerijen

Açafrão	Saffraan
Alcaçuz	Drop
Alho	Knoflook
Amargo	Bitter
Anis	Anijs
Azedo	Zuur
Baunilha	Vanille
Canela	Kaneel
Cardamomo	Kardemom
Caril	Kerrie
Cebola	Ui
Coentro	Koriander
Cominho	Komijn
Doce	Zoet
Funcho	Venkel
Gengibre	Gember
Noz-Moscada	Nootmuskaat
Pimenta	Peper
Sabor	Smaak
Sal	Zout

Família
Familie

Antepassado	Voorouder
Avó	Grootmoeder
Avô	Opa
Criança	Kind
Crianças	Kinderen
Esposa	Vrouw
Filha	Dochter
Gêmeos	Tweeling
Infância	Jeugd
Irmã	Zus
Irmão	Broer
Marido	Man
Mãe	Moeder
Neto	Kleinzoon
Pai	Vader
Paterno	Vaderlijk
Sobrinha	Nicht
Sobrinho	Neef
Tia	Tante
Tio	Oom

Fazenda #1
Boerderij #1

Abelha	Bij
Agricultura	Landbouw
Arroz	Rijst
Água	Water
Bezerro	Kalf
Burro	Ezel
Cabra	Geit
Campo	Veld
Cavalo	Paard
Cão	Hond
Cerca	Hek
Corvo	Kraai
Feno	Hooi
Fertilizante	Mest
Frango	Kip
Gato	Kat
Mel	Honing
Porco	Varken
Rebanho	Kudde
Vaca	Koe

Fazenda #2
Boerderij #2

Agricultor	Boer
Animais	Dieren
Celeiro	Schuur
Cevada	Gerst
Colmeia	Bijenkorf
Cordeiro	Lam
Fruta	Fruit
Irrigação	Irrigatie
Leite	Melk
Lhama	Lama
Maduro	Rijp
Milho	Maïs
Ovelha	Schaap
Pastor	Herder
Pato	Eend
Pomar	Boomgaard
Prado	Weide
Trator	Tractor
Trigo	Tarwe
Vegetal	Groente

Férias #2

Vakantie #2

Aeroporto	Luchthaven
Destino	Bestemming
Estrangeiro	Buitenlander
Feriado	Vakantie
Fotos	Foto'S
Hotel	Hotel
Ilha	Eiland
Lazer	Vrije Tijd
Mapa	Kaart
Mar	Zee
Montanhas	Bergen
Passaporte	Paspoort
Praia	Strand
Reservas	Reserveringen
Restaurante	Restaurant
Táxi	Taxi
Tenda	Tent
Transporte	Vervoer
Viagem	Reis
Visto	Visum

Ficção Científica

Meer Informatie

Atómico	Atoom
Cinema	Bioscoop
Distante	Ver
Distopia	Dystopie
Explosão	Explosie
Extremo	Extreem
Fantástico	Fantastisch
Fogo	Brand
Futurista	Futuristisch
Ilusão	Illusie
Imaginário	Denkbeeldig
Livros	Boeken
Misterioso	Mysterieus
Mundo	Wereld
Oráculo	Orakel
Planeta	Planeet
Realista	Realistisch
Robôs	Robots
Tecnologia	Technologie
Utopia	Utopie

Física

Natuurkunde

Aceleração	Versnelling
Átomo	Atoom
Caos	Chaos
Densidade	Dichtheid
Elétron	Elektron
Fórmula	Formule
Frequência	Frequentie
Gás	Gas
Gravidade	Zwaartekracht
Magnetismo	Magnetisme
Massa	Massa
Mecânica	Mechanica
Molécula	Molecuul
Motor	Motor
Nuclear	Nucleair
Partícula	Deeltje
Químico	Chemisch
Relatividade	Relativiteit
Universal	Universeel
Velocidade	Snelheid

Flores

Bloemen

Buquê	Boeket
Dente-De-Leão	Paardebloem
Gardênia	Gardenia
Girassol	Zonnebloem
Hibisco	Hibiscus
Jasmim	Jasmijn
Lavanda	Lavendel
Lilás	Lila
Lírio	Lelie
Magnólia	Magnolia
Margarida	Madeliefje
Narciso	Narcis
Orquídea	Orchidee
Papoula	Papaver
Peônia	Pioenroos
Pétala	Bloemblad
Plumeria	Plumeria
Rosa	Roos
Trevo	Klaver
Tulipa	Tulp

Floresta Tropical

Regenwoud

Anfíbios	Amfibieën
Botânico	Botanisch
Clima	Klimaat
Comunidade	Gemeenschap
Diversidade	Diversiteit
Espécies	Soort
Indígena	Inheems
Insetos	Insecten
Mamíferos	Zoogdieren
Musgo	Mos
Natureza	Natuur
Nuvens	Wolken
Pássaros	Vogels
Preservação	Behoud
Refúgio	Toevlucht
Respeito	Respect
Restauração	Restauratie
Selva	Jungle
Sobrevivência	Overleving
Valioso	Waardevol

Força e Gravidade

Kracht en Zwaartekracht

Atrito	Wrijving
Centro	Centrum
Descoberta	Ontdekking
Dinâmico	Dynamisch
Distância	Afstand
Eixo	As
Expansão	Uitbreiding
Física	Natuurkunde
Impacto	Impact
Magnetismo	Magnetisme
Magnitude	Omvang
Mecânica	Mechanica
Órbita	Baan
Peso	Gewicht
Planetas	Planeten
Pressão	Druk
Propriedades	Eigendommen
Rapidez	Snelheid
Tempo	Tijd
Universal	Universeel

Frutas
Fruit

Abacate	Avocado
Abacaxi	Ananas
Amora	Braam
Baga	Bes
Banana	Banaan
Cereja	Kers
Coco	Kokosnoot
Damasco	Abrikoos
Figo	Vijg
Framboesa	Framboos
Kiwi	Kiwi
Laranja	Oranje
Limão	Citroen
Maçã	Appel
Mamão	Papaja
Manga	Mango
Nectarina	Nectarine
Pera	Peer
Pêssego	Perzik
Uva	Druif

Geografia
Geografie

Altitude	Hoogte
Atlas	Atlas
Cidade	Stad
Continente	Continent
Hemisfério	Halfrond
Ilha	Eiland
Latitude	Breedtegraad
Mapa	Kaart
Mar	Zee
Meridiano	Meridiaan
Montanha	Berg
Mundo	Wereld
Norte	Noorden
Oceano	Oceaan
Oeste	Westen
País	Land
Região	Regio
Rio	Rivier
Sul	Zuiden
Território	Grondgebied

Geologia
Geologie

Ácido	Zuur
Camada	Laag
Caverna	Grot
Cálcio	Calcium
Continente	Continent
Coral	Koraal
Cristais	Kristallen
Erosão	Erosie
Estalactite	Stalactiet
Estalagmites	Stalagmieten
Fóssil	Fossiel
Lava	Lava
Minerais	Mineralen
Pedra	Steen
Platô	Plateau
Quartzo	Kwarts
Sal	Zout
Terremoto	Aardbeving
Vulcão	Vulkaan
Zona	Zone

Geometria
Geometrie

Altura	Hoogte
Ângulo	Hoek
Cálculo	Berekening
Círculo	Cirkel
Curva	Curve
Diâmetro	Diameter
Dimensão	Dimensie
Equação	Vergelijking
Horizontal	Horizontaal
Lógica	Logica
Massa	Massa
Mediana	Mediaan
Paralelo	Parallel
Proporção	Proportie
Segmento	Segment
Simetria	Symmetrie
Superfície	Oppervlak
Teoria	Theorie
Triângulo	Driehoek
Vertical	Verticaal

Governo
Overheid

Cidadania	Burgerschap
Civil	Civiel
Constituição	Grondwet
Democracia	Democratie
Discurso	Toespraak
Discussão	Discussie
Distrito	Wijk
Estado	Staat
Igualdade	Gelijkheid
Judicial	Gerechtelijk
Justiça	Gerechtigheid
Lei	Wet
Liberdade	Vrijheid
Líder	Leider
Monumento	Monument
Nacional	Nationaal
Nação	Natie
Pacífico	Rustig
Política	Politiek
Símbolo	Symbool

Herbalismo
Herbalisme

Açafrão	Saffraan
Alecrim	Rozemarijn
Alho	Knoflook
Aromático	Aromatisch
Benéfico	Voordelig
Coentro	Koriander
Estragão	Dragon
Flor	Bloem
Funcho	Venkel
Ingrediente	Ingrediënt
Jardim	Tuin
Lavanda	Lavendel
Manjericão	Basilicum
Manjerona	Marjolein
Planta	Plant
Qualidade	Kwaliteit
Sabor	Smaak
Salsa	Peterselie
Tomilho	Tijm
Verde	Groen

Imigração
Immigratie

Administração	Administratie
Adultos	Volwassenen
Ajuda	Hulp
Aprovação	Goedkeuring
Comunicação	Communicatie
Crianças	Kinderen
Documentos	Documenten
Estresse	Stress
Financiamento	Financiering
Fronteiras	Grenzen
Habitação	Huisvesting
Lei	Wet
Língua	Taal
Oficial	Officier
Prazo	Termijn
Processo	Proces
Proteção	Bescherming
Situação	Situatie
Solução	Oplossing

Instrumentos Musicais
Muziekinstrumenten

Bandolim	Mandoline
Banjo	Banjo
Clarinete	Klarinet
Fagote	Fagot
Flauta	Fluit
Gaita	Mondharmonica
Gongo	Gong
Harpa	Harp
Marimba	Marimba
Oboé	Hobo
Pandeiro	Tamboerijn
Percussão	Percussie
Piano	Piano
Saxofone	Saxofoon
Tambor	Trommel
Trombone	Trombone
Trompete	Trompet
Violão	Gitaar
Violino	Viool
Violoncelo	Cello

Jardim
Tuin

Ancinho	Hark
Arbusto	Struik
Árvore	Boom
Banco	Bank
Cerca	Hek
Flor	Bloem
Garagem	Garage
Grama	Gras
Gramado	Gazon
Jardim	Tuin
Lagoa	Vijver
Maca	Hangmat
Mangueira	Slang
Pá	Schop
Pomar	Boomgaard
Solo	Bodem
Terraço	Terras
Trampolim	Trampoline
Varanda	Veranda
Videira	Wijnstok

Jardinagem
Tuinieren

Água	Water
Botânico	Botanisch
Buquê	Boeket
Clima	Klimaat
Comestível	Eetbaar
Composto	Compost
Espécies	Soort
Exótico	Exotisch
Flor	Bloesem
Floral	Bloemen
Folha	Blad
Folhagem	Gebladerte
Mangueira	Slang
Pomar	Boomgaard
Recipiente	Container
Sementes	Zaden
Solo	Bodem
Sujeira	Vuil
Umidade	Vocht

Jazz
Jazz

Artista	Artiest
Álbum	Album
Bateria	Drums
Canção	Lied
Composição	Samenstelling
Compositor	Componist
Concerto	Concert
Estilo	Stijl
Ênfase	Nadruk
Famoso	Beroemd
Favoritos	Favorieten
Gênero	Genre
Improvisação	Improvisatie
Música	Muziek
Novo	Nieuw
Orquestra	Orkest
Ritmo	Ritme
Talento	Talent
Técnica	Techniek
Velho	Oud

Literatura
Literatuur

Analogia	Analogie
Análise	Analyse
Anedota	Anekdote
Autor	Auteur
Biografia	Biografie
Comparação	Vergelijking
Conclusão	Conclusie
Descrição	Omschrijving
Diálogo	Dialoog
Estilo	Stijl
Ficção	Fictie
Metáfora	Metafoor
Narrador	Verteller
Opinião	Mening
Poema	Gedicht
Rima	Rijm
Ritmo	Ritme
Romance	Roman
Tema	Thema
Tragédia	Tragedie

Livros
Boeken

Autor	Auteur
Aventura	Avontuur
Coleção	Collectie
Contexto	Context
Dualidade	Dualiteit
Escrito	Geschreven
Épico	Episch
História	Verhaal
Histórico	Historisch
Inventivo	Inventief
Leitor	Lezer
Literário	Literair
Narrador	Verteller
Página	Bladzijde
Poema	Gedicht
Poesia	Poëzie
Relevante	Relevant
Romance	Roman
Série	Serie
Trágico	Tragisch

Mamíferos
Zoogdieren

Baleia	Walvis
Camelo	Kameel
Canguru	Kangoeroe
Castor	Bever
Cavalo	Paard
Cão	Hond
Coelho	Konijn
Coiote	Coyote
Elefante	Olifant
Gato	Kat
Girafa	Giraf
Golfinho	Dolfijn
Gorila	Gorilla
Leão	Leeuw
Lobo	Wolf
Macaco	Aap
Ovelha	Schaap
Raposa	Vos
Touro	Stier
Zebra	Zebra

Matemática
Wiskunde

Aritmética	Rekenkundig
Ângulos	Hoeken
Circunferência	Omtrek
Decimal	Decimaal
Diâmetro	Diameter
Equação	Vergelijking
Expoente	Exponent
Fração	Fractie
Geometria	Geometrie
Números	Cijfers
Paralelo	Parallel
Perpendicular	Loodrecht
Polígono	Veelhoek
Quadrado	Vierkant
Raio	Straal
Retângulo	Rechthoek
Simetria	Symmetrie
Soma	Som
Triângulo	Driehoek
Volume	Volume

Material de Arte
Kunstbenodigdheden

Acrílico	Acryl
Apagador	Gom
Aquarelas	Aquarellen
Argila	Klei
Água	Water
Cadeira	Stoel
Carvão	Houtskool
Cavalete	Ezel
Câmera	Camera
Cola	Lijm
Cores	Kleuren
Criatividade	Creativiteit
Escovas	Borstels
Lápis	Potloden
Mesa	Tafel
Óleo	Olie
Papel	Papier
Pastels	Pastel
Tinta	Inkt
Tintas	Verf

Medições
Metingen

Altura	Hoogte
Byte	Byte
Centímetro	Centimeter
Comprimento	Lengte
Decimal	Decimaal
Grama	Gram
Grau	Graad
Largura	Breedte
Litro	Liter
Massa	Massa
Metro	Meter
Minuto	Minuut
Onça	Ons
Peso	Gewicht
Polegada	Inch
Profundidade	Diepte
Quilograma	Kilogram
Quilômetro	Kilometer
Tonelada	Ton
Volume	Volume

Meditação
Meditatie

Aceitação	Aanvaarding
Acordado	Wakker
Aprender	Leren
Atenção	Aandacht
Clareza	Helderheid
Compaixão	Mededogen
Emoções	Emoties
Ensinamentos	Onderwijs
Gratidão	Dankbaarheid
Mental	Mentaal
Mente	Geest
Movimento	Beweging
Música	Muziek
Natureza	Natuur
Observação	Observatie
Paz	Vrede
Pensamentos	Gedachten
Perspectiva	Perspectief
Postura	Houding
Silêncio	Stilte

Mitologia
Mythologie

Arquétipo	Archetype
Ciúmes	Jaloezie
Comportamento	Gedrag
Crenças	Overtuigingen
Criação	Creatie
Criatura	Wezen
Cultura	Cultuur
Desastre	Ramp
Força	Kracht
Guerreiro	Krijger
Heroína	Heldin
Herói	Held
Labirinto	Doolhof
Lenda	Legende
Mágico	Magisch
Monstro	Monster
Mortal	Sterfelijk
Relâmpago	Bliksem
Trovão	Donder
Vingança	Wraak

Moda
Mode

Acessível	Betaalbaar
Bordado	Borduurwerk
Botões	Knop
Boutique	Winkel
Caro	Duur
Confortável	Comfortabel
Elegante	Elegant
Estilo	Stijl
Medidas	Afmetingen
Moderno	Modern
Modesto	Bescheiden
Original	Origineel
Prático	Praktisch
Renda	Kant
Roupa	Kleding
Simples	Eenvoudig
Tecido	Stof
Tendência	Trend
Textura	Textuur

Música
Muziek

Álbum	Album
Balada	Ballade
Cantar	Zingen
Cantor	Zanger
Clássico	Klassiek
Coro	Koor
Gravação	Opname
Harmonia	Harmonie
Improvisar	Improviseren
Instrumento	Instrument
Lírico	Lyrisch
Melodia	Melodie
Microfone	Microfoon
Musical	Muzikaal
Músico	Muzikant
Ópera	Opera
Poético	Poëtisch
Ritmo	Ritme
Tempo	Tempo
Vocal	Vocaal

Natureza
Natuur

Abelhas	Bijen
Abrigo	Schuilplaats
Animais	Dieren
Ártico	Arctisch
Beleza	Schoonheid
Deserto	Woestijn
Dinâmico	Dynamisch
Erosão	Erosie
Floresta	Bos
Folhagem	Gebladerte
Geleira	Gletsjer
Nevoeiro	Mist
Nuvens	Wolken
Pacífico	Rustig
Rio	Rivier
Santuário	Heiligdom
Selvagem	Wild
Sereno	Sereen
Tropical	Tropisch
Vital	Vitaal

Negócios
Zakelijk

Carreira	Carrière
Custo	Kosten
Desconto	Korting
Dinheiro	Geld
Economia	Economie
Empregado	Werknemer
Empregador	Werkgever
Empresa	Bedrijf
Escritório	Kantoor
Fábrica	Fabriek
Finança	Financiën
Impostos	Belastingen
Investimento	Investering
Loja	Winkel
Lucro	Winst
Mercadoria	Handelswaar
Moeda	Valuta
Orçamento	Begroting
Rendimento	Inkomen
Venda	Verkoop

Nutrição
Voeding

Amargo	Bitter
Apetite	Eetlust
Calorias	Calorieën
Carboidratos	Koolhydraten
Comestível	Eetbaar
Dieta	Dieet
Equilibrado	Evenwichtig
Fermentação	Fermentatie
Ingredientes	Ingrediënten
Líquidos	Vloeistoffen
Molho	Saus
Nutriente	Voedingsstof
Peso	Gewicht
Proteínas	Eiwitten
Qualidade	Kwaliteit
Sabor	Smaak
Saudável	Gezond
Saúde	Gezondheid
Toxina	Toxine
Vitamina	Vitamine

Números
Getallen

Cinco	Vijf
Decimal	Decimaal
Dez	Tien
Dezesseis	Zestien
Dezessete	Zeventien
Dezoito	Achttien
Dois	Twee
Doze	Twaalf
Nove	Negen
Oito	Acht
Quatorze	Veertien
Quatro	Vier
Quinze	Vijftien
Seis	Zes
Sete	Zeven
Treze	Dertien
Três	Drie
Um	Een
Vinte	Twintig
Zero	Nul

Oceano
Oceaan

Alga	Algen
Atum	Tonijn
Baleia	Walvis
Barco	Boot
Camarão	Garnaal
Caranguejo	Krab
Coral	Koraal
Enguia	Aal
Esponja	Spons
Golfinho	Dolfijn
Marés	Getijden
Medusa	Kwal
Ostra	Oester
Peixe	Vis
Polvo	Octopus
Recife	Rif
Sal	Zout
Tartaruga	Schildpad
Tempestade	Storm
Tubarão	Haai

Paisagens
Landschappen

Cascata	Waterval
Caverna	Grot
Colina	Heuvel
Deserto	Woestijn
Geleira	Gletsjer
Golfo	Golf
Iceberg	Ijsberg
Ilha	Eiland
Lago	Meer
Mar	Zee
Montanha	Berg
Oásis	Oase
Oceano	Oceaan
Pântano	Moeras
Península	Schiereiland
Praia	Strand
Rio	Rivier
Tundra	Toendra
Vale	Vallei
Vulcão	Vulkaan

Países #1
Landen #1

Alemanha	Duitsland
Brasil	Brazilië
Camboja	Cambodja
Canadá	Canada
Egito	Egypte
Equador	Ecuador
Espanha	Spanje
Finlândia	Finland
Iraque	Irak
Israel	Israël
Itália	Italië
Índia	India
Mali	Mali
Marrocos	Marokko
Nicarágua	Nicaragua
Noruega	Noorwegen
Panamá	Panama
Polônia	Polen
Senegal	Senegal
Venezuela	Venezuela

Países #2
Landen #2

Albânia	Albani
Dinamarca	Denemarken
França	Frankrijk
Grécia	Griekenland
Haiti	Haïti
Indonésia	Indonesië
Irlanda	Ierland
Jamaica	Jamaica
Japão	Japan
Laos	Laos
Líbano	Libanon
México	Mexico
Nepal	Nepal
Nigéria	Nigeria
Paquistão	Pakistan
Rússia	Rusland
Síria	Syrië
Somália	Somalië
Ucrânia	Oekraïne
Uganda	Oeganda

Pássaros
Vogels

Avestruz	Struisvogel
Águia	Adelaar
Cegonha	Ooievaar
Cisne	Zwaan
Corvo	Kraai
Cuco	Koekoek
Flamingo	Flamingo
Frango	Kip
Gaivota	Meeuw
Ganso	Gans
Garça	Reiger
Ovo	Ei
Papagaio	Papegaai
Pardal	Mus
Pato	Eend
Pavão	Pauw
Pelicano	Pelikaan
Pinguim	Pinguïn
Pombo	Duif
Tucano	Toekan

Pesca
Vissen

Água	Water
Barbatanas	Vinnen
Barco	Boot
Brânquias	Kieuwen
Cesta	Mand
Cozinhar	Kok
Equipamento	Apparatuur
Exagero	Overdrijving
Fio	Draad
Gancho	Haak
Isca	Aas
Lago	Meer
Mandíbula	Kaak
Oceano	Oceaan
Paciência	Geduld
Peso	Gewicht
Praia	Strand
Rio	Rivier
Temporada	Seizoen

Plantas
Installaties

Arbusto	Struik
Árvore	Boom
Baga	Bes
Bambu	Bamboe
Botânica	Plantkunde
Cacto	Cactus
Erva	Kruid
Feijão	Boon
Fertilizante	Mest
Flor	Bloem
Flora	Flora
Floresta	Bos
Folhagem	Gebladerte
Grama	Gras
Hera	Klimop
Jardim	Tuin
Musgo	Mos
Pétala	Bloemblad
Raiz	Wortel
Vegetação	Vegetatie

Profissões #1
Beroepen #1

Advogado	Advocaat
Artista	Artiest
Astrônomo	Astronoom
Banqueiro	Bankier
Bombeiro	Brandweerman
Caçador	Jager
Cartógrafo	Cartograaf
Cientista	Wetenschapper
Dançarino	Danser
Editor	Editor
Embaixador	Ambassadeur
Encanador	Loodgieter
Enfermeira	Verpleegster
Geólogo	Geoloog
Joalheiro	Juwelier
Marinheiro	Matroos
Músico	Muzikant
Pianista	Pianist
Psicólogo	Psycholoog
Veterinário	Dierenarts

Profissões #2
Beroepen #2

Agricultor	Boer
Astronauta	Astronaut
Biólogo	Bioloog
Cirurgião	Chirurg
Dentista	Tandarts
Detetive	Detective
Engenheiro	Ingenieur
Filósofo	Filosoof
Fotógrafo	Fotograaf
Ilustrador	Illustrator
Inventor	Uitvinder
Investigador	Onderzoeker
Jardineiro	Tuinman
Jornalista	Journalist
Linguista	Linguïst
Médico	Arts
Piloto	Piloot
Pintor	Schilder
Professor	Leraar
Zoólogo	Zoöloog

Psicologia
Psychologie

Avaliação	Beoordeling
Clínico	Klinisch
Cognição	Cognitie
Comportamento	Gedrag
Compromisso	Afspraak
Conflito	Conflict
Ego	Ego
Emoções	Emoties
Experiências	Ervaringen
Inconsciente	Bewusteloos
Infância	Jeugd
Influências	Invloed
Pensamentos	Gedachten
Percepção	Perceptie
Problema	Probleem
Realidade	Realiteit
Sensação	Gevoel
Sonhos	Dromen
Subconsciente	Onderbewust
Terapia	Therapie

Química
Chemie

Alcalino	Alkalisch
Ácido	Zuur
Calor	Warmte
Carbono	Koolstof
Catalisador	Katalysator
Cloro	Chloor
Elementos	Elementen
Elétron	Elektron
Enzima	Enzym
Gás	Gas
Hidrogênio	Waterstof
Íon	Ion
Líquido	Vloeistof
Molécula	Molecuul
Nuclear	Nucleair
Orgânico	Organisch
Oxigénio	Zuurstof
Peso	Gewicht
Sal	Zout
Temperatura	Temperatuur

Restaurante # 2

Restaurant #2

Almoço	Lunch
Aperitivo	Voorgerecht
Água	Water
Bebida	Drank
Bolo	Cake
Cadeira	Stoel
Colher	Lepel
Delicioso	Heerlijk
Especiarias	Specerijen
Fruta	Fruit
Garçom	Ober
Garfo	Vork
Gelo	Ijs
Jantar	Diner
Legumes	Groente
Macarrão	Noedels
Peixe	Vis
Sal	Zout
Salada	Salade
Sopa	Soep

Roupas

Kleding

Avental	Schort
Blusa	Blouse
Calça	Broek
Camisa	Shirt
Casaco	Jas
Chapéu	Hoed
Cinto	Riem
Colar	Ketting
Jaqueta	Jasje
Jeans	Jeans
Luvas	Handschoenen
Meias	Sokken
Moda	Mode
Pijama	Pyjama
Pulseira	Armband
Saia	Rok
Sandálias	Sandalen
Sapato	Schoen
Suéter	Trui
Vestido	Jurk

Saúde e Bem-Estar #1

Gezondheid en Welzijn #1

Altura	Hoogte
Ativo	Actief
Bactérias	Bacteriën
Clínica	Kliniek
Doutor	Dokter
Farmácia	Apotheek
Fome	Honger
Fratura	Breuk
Hábito	Gewoonte
Hormones	Hormonen
Medicina	Medicijn
Nervos	Zenuwen
Ossos	Botten
Pele	Huid
Postura	Houding
Reflexo	Reflex
Relaxamento	Ontspanning
Terapia	Therapie
Tratamento	Behandeling
Vírus	Virus

Saúde e Bem-Estar #2

Gezondheid en Welzijn #2

Alergia	Allergie
Anatomia	Anatomie
Apetite	Eetlust
Caloria	Calorie
Corpo	Lichaam
Desidratação	Dehydratie
Dieta	Dieet
Doença	Ziekte
Energia	Energie
Genética	Genetica
Higiene	Hygiëne
Hospital	Ziekenhuis
Humor	Humeur
Infecção	Infectie
Massagem	Massage
Peso	Gewicht
Recuperação	Herstel
Sangue	Bloed
Saudável	Gezond
Vitamina	Vitamine

Tempo

Tijd

Agora	Nu
Ano	Jaar
Antes	Voor
Anual	Jaarlijks
Calendário	Kalender
Década	Decennium
Dia	Dag
Futuro	Toekomst
Hoje	Vandaag
Hora	Uur
Manhã	Ochtend
Meio-Dia	Middag
Mês	Maand
Minuto	Minuut
Momento	Moment
Noite	Nacht
Ontem	Gisteren
Relógio	Klok
Semana	Week
Século	Eeuw

Tipos de Cabelo

Haartypes

Branco	Wit
Brilhante	Glimmend
Cachos	Krullen
Careca	Kaal
Cinza	Grijs
Colori	Gekleurd
Encaracolado	Krullend
Fino	Dun
Grosso	Dik
Loiro	Blond
Longo	Lang
Marrom	Bruin
Ondulado	Golvend
Prata	Zilver
Preto	Zwart
Saudável	Gezond
Seco	Droog
Suave	Zacht
Trançado	Gevlochten
Tranças	Vlechten

Universo
Universum

Asteróide	Asteroïde
Astronomia	Astronomie
Astrônomo	Astronoom
Atmosfera	Atmosfeer
Céu	Hemel
Cósmico	Kosmisch
Equador	Evenaar
Hemisfério	Halfrond
Horizonte	Horizon
Inclinar	Kantelen
Latitude	Breedtegraad
Longitude	Lengtegraad
Lua	Maan
Órbita	Baan
Solar	Zonne
Solstício	Zonnewende
Telescópio	Telescoop
Trevas	Duisternis
Visível	Zichtbaar
Zodíaco	Dierenriem

Vegetais
Groenten

Abóbora	Pompoen
Aipo	Selderij
Alcachofra	Artisjok
Alho	Knoflook
Batata	Aardappel
Beringela	Aubergine
Brócolis	Broccoli
Cebola	Ui
Cenoura	Wortel
Chalota	Sjalot
Cogumelo	Paddestoel
Ervilha	Erwt
Espinafre	Spinazie
Gengibre	Gember
Nabo	Raap
Pepino	Komkommer
Rabanete	Radijs
Salada	Salade
Salsa	Peterselie
Tomate	Tomaat

Veículos
Voertuigen

Ambulância	Ambulance
Avião	Vliegtuig
Balsa	Veerboot
Barco	Boot
Bicicleta	Fiets
Caminhão	Vrachtauto
Caravana	Caravan
Carro	Auto
Foguete	Raket
Helicóptero	Helikopter
Jangada	Vlot
Lambreta	Scooter
Metrô	Metro
Motor	Motor
Ônibus	Bus
Pneus	Banden
Submarino	Onderzeeër
Táxi	Taxi
Transporte	Shuttle
Trator	Tractor

Xadrez
Schaken

Aprender	Leren
Branco	Wit
Campeão	Kampioen
Concurso	Wedstrijd
Desafios	Uitdagingen
Diagonal	Diagonaal
Estratégia	Strategie
Jogador	Speler
Jogo	Spel
Oponente	Tegenstander
Passivo	Passief
Pontos	Punten
Preto	Zwart
Rainha	Koningin
Regras	Reglement
Rei	Koning
Sacrifício	Offer
Tempo	Tijd
Torneio	Toernooi

Parabéns

Conseguiu!

Esperamos que tenha gostado tanto deste livro como nós gostamos de o desenhar. Esforçamo-nos por criar livros da mais alta qualidade possível.
Esta edição foi concebida para proporcionar uma aprendizagem inteligente, de qualidade e divertida!

Gostou deste livro?

Um simples pedido

Estes livros existem graças às críticas que publica.
Pode ajudar-nos, deixando agora uma revisão?

Aqui está um pequeno link para
a sua página de revisão:

BestBooksActivity.com/Avaliacoes50

DESAFIO FINAL!

Desafio n° 1

Está pronto para o seu jogo grátis? Usamo-los a toda a hora, mas não são tão fáceis de encontrar - aqui estão os **Sinônimos!**
Escreva 5 palavras que encontrou nos puzzles (n° 21, n° 36, n° 76) e tente encontrar 2 sinónimos para cada palavra.

Escreva 5 palavras de ***Puzzle 21***

Palavras	Sinônimo 1	Sinônimo 2

Escreva 5 palavras de ***Puzzle 36***

Palavras	Sinônimo 1	Sinônimo 2

Escreva 5 palavras de ***Puzzle 76***

Palavras	Sinônimo 1	Sinônimo 2

Desafio n° 2

Agora que já aqueceu, escreva 5 palavras que encontrou nos Puzzles (n° 9, n° 17 e n° 25) e tente encontrar 2 antônimos para cada palavra. Quantos se podem encontrar em 20 minutos?

Escreva 5 palavras de ***Puzzle 9***

Palavras	Antônimo 1	Antônimo 2

Escreva 5 palavras de ***Puzzle 17***

Palavras	Antônimo 1	Antônimo 2

Escreva 5 palavras de ***Puzzle 25***

Palavras	Antônimo 1	Antônimo 2

Desafio nº 3

Óptimo! Este desafio final 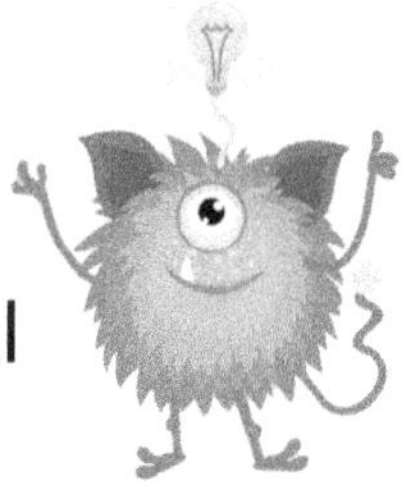 não é nada para si.

Pronto para o desafio final? Escolha 10 palavras que tenha descoberto nos diferentes puzzles e escreva-as abaixo.

1.	6.
2.	7.
3.	8.
4.	9.
5.	10.

Agora escreva um texto a pensar numa pessoa, num animal ou num lugar de seu agrado.

Pode utilizar a última página deste livro como um rascunho.

A Sua Composição:

CADERNO DE NOTAS:

ATÉ BREVE!

A equipa Inteira

www.ingramcontent.com/pod-product-compliance
Lightning Source LLC
Chambersburg PA
CBHW082012140626
46553CB00021B/3147